AQUARIUS

AQUARIUS

AQUARIUS

AQUARIUS

Vision

一些人物，
一些視野，
一些觀點，
與一個全新的遠景！

擁抱 脆弱

郭彥麟（精神科醫師）◎著

心的缺口，就是愛的入口

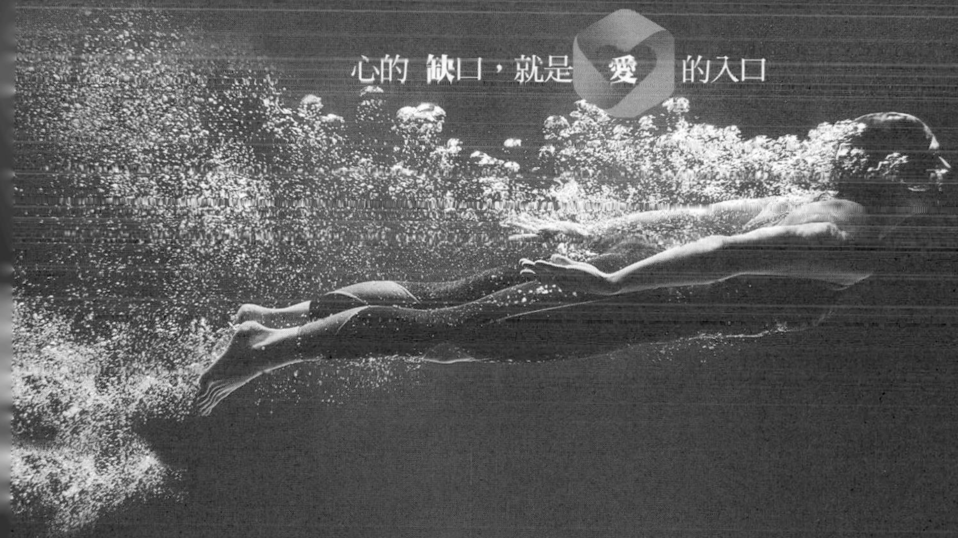

推薦序——

照見內心戲／細節

文◎李欣倫（作家・靜宜大學台灣文學系副教授）

這不是一本從精神醫學的角度，所寫出的人生操作指南或親子教養書：提供案例、給出建議、提醒錯誤、貼心叮嚀、圖表分析等，讓你在生活中操作卻倍感挫折，或不知下一步在哪。這是一本從精神醫學的角度，所寫出的生命故事，將案例、步驟悄悄融入字裡行間，有很多的情感、情緒描述，很多的理解與關懷，你恐怕會在毫無防備之下，就被引入敘事森林、故事汪洋，進入了幽黯且深邃的內心世界。這是最神祕又最危險的境地，敘事的力量，如閃電般清晰又迅速地擊中我心，因為此書中一篇篇故事、一個個男女、一重重身分都太熟悉了，若非親身經歷，也是旁人曾經歷或正經歷的種種，然後發現，原來他們、我們一直如此努力想扮演好這個角色：父親和母親。

父母親，當今社會中過於沉重的身分（十字架？），背負著社會的期盼和指責目光，只要發生青少年犯罪、自殺或校園情傷等事件，他們的父母就得出來道歉或掩面現身，深深鞠躬以示教育失敗。這些面目模糊、神情匿名的所謂「父母親」出現於螢光幕之際，我內心總有被刺傷之感，不免想：這其中定有如重重迷宮、崎嶇路徑的複雜故事，不見光，無能曝光，無法被訴說出來的「細節」——是的，就是「細節」——在看似平板單調、理所當然的悲劇定論前，有更多洶湧的、持續滾動著的情緒細節、情感細節，被忽略，被消音，被簡化但卻致命並足以直奔那痛心結果的，細節。

細節，如同始終沒被發現的一道細痕，海水間歇而沉默滲入了大船底部，安靜而持續地凝視著最終的災難。

郭彥麟醫師提供了可能的細節，關於所謂「父母親」身為「人」，也身為「人子」的心路，將真實又複雜——也許正因精細的複雜才足以築構出真實的多角樣態——的內心戲透明化，關乎委屈、痛苦、憤怒、憂鬱、自責、恐懼及諸種難以定義、命名的游離情緒，在作者筆下有了細緻的輪廓、表情和血肉，無論是產後哺乳不順的母親、產後憂鬱的父親、被指責不公平的母親，我看到的不僅僅是「案例」，更是辛酸的個人史和易碎脆弱的心，所有舉動、言語、表情背後形成了強烈拉扯：社會期待和個人好惡的拉扯，社會框架和個人困惑的對壘。當餵母乳成為社會普遍的「好母親規約」時，我們其實很難了解無法親自哺乳的母親的痛楚和愧疚；當「愛家的父親」成為被肯定的價值時，那些外在條件與心理壓力傾軋、推擠出的毛邊，又該向誰傾訴？當「沒有壞孩子，只有不夠好的父母」成為教養緊箍咒時，只能不斷孕生更多「我不是個好母親」、「我應該更努力」的深度疲憊家長了。

於是郭彥麟以其專業，讓這些被教養書弄得神經緊張、暈頭轉向的母親、父親坐下來，坐在診療室中，傾聽他們訴說自己的焦慮、恐懼和愧疚。值得探究的是，這些進入診間的人是沒有名字的，作者以第三人稱「他」或「她」取代，暗示了這些人所具有的普世代表意義；換言之，這些匿名的「他」或「她」代表了千千萬萬個疲倦、焦慮父母／男女，任何曾走過或正走在這條艱苦教養路的「我們」，皆可任意取下本書中這些「他」或「她」的臉孔，坐在郭醫師的診間，讓「她」的眼淚從「我」的眼中安靜地流下，讓「他」的焦慮在「我」的體表微微發顫，當孩子指著「她」，咆哮「妳偏心，妳不公平」時，她的愧疚、困惑和自責同時在我體內衝撞。或者，我也想到了自己的父親母親，如椅子沉默的「他」的內心，恐怕也是我父親的內心啊。因此，這些「他」與「她」不過是「我們」（和我們的父親母親）的代稱，我們一家子全都深深坐進郭醫師那彷彿吮盡所有痛楚哀傷的沙發上，讓積累一輩子甚至幾代之間無以名狀之苦（原來我們都被好幾代不斷犯錯，但從沒被原諒的歷史幽靈所纏祟），透過聲線、眼淚釋放出來。

不僅寫父母當下的教養挫折，郭彥麟將時間向前後拉長推遠，回溯「家庭會傷人」的家庭結構，也向後推展至老後、失親後的成年孤兒階段，凡人這一生迴避不去的痛楚與憂傷、衰老與告別，全都收攏在郭彥麟那間診療室了（還有那一盒銘記了諸種傷痛輪廓的衛生紙盒裡）。談自我家庭時，郭彥麟注意到了一個（其實我始終很關切）的現象，就是「家庭會傷人」往往變成了「家庭是罪人」，於是「我們困在無助的受害者裡頭，除了控訴與任由缺口撕裂外，我們對自己喪失了想像與希望。」倘若回溯家庭創傷成了控訴雙親的指責手勢，不僅無法讓自身真正脫離風暴中心，就長遠來看，反而陷入更黑暗的輪迴吧。

是的，人生好難。但所幸有雙傾聽的耳朵，溫柔的目光，有一盒任你盡情崩潰痛哭的衛生紙盒；有「他」和「她」從艱難中向前推進的蹣跚步履，我們藉此獲得力量，與不（需要）完美的自己，素面相對。

推薦序——

沒做好，也能過很好

文◎林靜如（娘子軍行銷有限公司負責人．律師娘）

展現脆弱，對某些人很容易，對某些人很困難。

一直以來，我都以為我是找不到自己脆弱的那種，在四十歲以前。

我淡定、我樂觀，而且我覺得自己的運氣很不錯，所以不需要擔心，因為一切都水到渠成，幸福來得那樣的容易。

然而，在我人生的最高點，意外得女之後，我也意外罹患了（產後）憂鬱症……

以前，我總以為，所謂的憂鬱症就是心情不好、想不開，自己親身經歷之後，我才知道，那是一種你沒辦法說不的生理性疾病。

我開始莫名覺得沒有安全感，我開始疑神疑鬼，幸福似乎離我愈來愈遠，笑容對我來說也愈來愈陌生。一開始，我還能佯裝自己很開心，因為要面對螢幕、面對群眾，而大家印象中的律師娘是那樣的開朗、那樣的自信，是大家的表率，怎麼可以認輸？

可是，再怎麼逞強，始終是虛假的，那無法消滅的負面情緒會在你不願面對之後，如雪崩般席捲而來，於是，我夜裡爬起來狂哭，我拒絕了一切外界的交際。

只是，學會喘息之後，我開始想：那我可以做些什麼？總不能再這樣下去。

首先，旁人怎麼看我？在寫這文章的當下，我問了坐在我隔壁的同事：「你會不會覺得我跟以前不太一樣了？」

他說：「有啊！個性有點變了。但我也不太會形容。」

我說：「是喔！那你覺得我該修正什麼呢？」

他說：「也不用吧！這也沒什麼好或不好，而且是沒有辦法的事，不是嗎？」

我說：「哈哈！好像也是。」

面對脆弱，是不是可以先說服自己，這也是沒有辦法的事呢？

當我開始接受，有些事情我就是無能為力時，那些莫名掛在我肩上的壓力，突然減輕了許多。

我才發現，我，其實一直周旋在自己扮演的多重角色中。我每個都想演好，卻又覺得自己演得不好。莫非，是我不夠努力？莫非，是我沒有自己想像的那麼聰明？我開始擔心，這麼愚笨的我會被別人發現，所以，我一直假裝，假裝我可以，假裝我沒問題。

結果，這樣的假裝太用力，我擊垮了我自己。

最糟糕的是，我忽視自己脆弱的結果，反而深深傷了我自己，跟我身邊的人。

「我不該假裝自己很堅強的。」我深深地歉疚著。

這些承認，突然為我打開了一扇窗，讓陽光照了進來。身邊那些本來以為我很堅強的人，知道了我的脆弱，並沒有如我想像的拒絕我、鄙視我，反而伸出手來，把我拉到他們的陽光下。

原來被照顧是一件很溫暖的事情，甚至那些願意照顧你的人，他們更喜歡你了，他們知道你跟他們一樣是個凡人。在你面前，他們可以很放鬆。

郭醫師的書裡，我看到許多跟我一樣，曾經很用力假裝自己很行的人。其實，我也不特別覺得這是個錯誤，有時候假裝，是因為你有很想要得到的東西，譬如說掌聲，或者是尊敬，又或者是愛。所以，你得想想：你假裝是為了什麼？有比面對自己更重要的事情嗎？每個人的標準不一樣。

但是我學會與自己的脆弱和解以後，我也開始可以跟內在的自我交談，甚至可以說是談判，我跟她說：「嘿！今天可以不來惹我嗎？」她說：「我盡量。」

於是，我決定讓那個脆弱的我，跟在我旁邊，當沮喪、憤怒、感傷襲來時，我會好好地安慰她，跟她說：「我懂，沒關係，你是脆弱，所以你不用假裝堅強。」

我居然發現，她掉眼淚的機會變少了，她喘不過氣的時候變少了。

原來，我一直讓她很孤單，一個人在那裡，所以她長得愈來愈大，一直到變成一個大魔王，差點把我吞噬了。

當我開始重視她，包容她的存在，她似乎也對我釋出善意，不再攻擊我，而變成我的新朋友。

我開始不避諱討論她，不因為她而感到自卑，因為她是我的一部分，因為好好地照顧她，才讓我有足夠的勇氣面對生活中的種種挑戰。

四十歲對我是個人生的分水嶺，很多事情，我不再像以前那樣有把握，或許是因為體力、健康不如前了，或許是因為雄心壯志不再了，我把自己當作一個平凡人，知道自己有很多做不到的事，了解自己有很多做不好的事。我試著原諒我自己，並相信，沒做好，也能過很好。

每個人生命中都有最重要的東西，對我來說，是家人。我身邊的家人平安、恬靜，好好地在過他們的生活，那就好了。

每當我的脆弱與恐懼來臨，我都拿起這個護身符，默念著這句咒語。記得有次老公在我迷糊得忘了事情的時候，跟我說：「算了，算了！伴侶之間，就是要放大對方的優點，縮小對方的缺點。」

的確是如此，這是一種看透世事的包容，只是我們除了記得包容對方，更要記得包容自己，甚至包容人生給我們的一些苛刻的考驗。

郭醫師的書裡，有著平凡的故事，我們輕易地可以讓自己對號入座。我看到自己曾經的天真、期待與失落，但也從他的文字裡找回了對生命的美好品味。

因為在乎，我們才會把心交出去，任憑它宰割，但這何嘗不是對生命的一種尊重。每一分感受，都讓我們喚醒自己的靈魂，在人生旅途的黑暗中，點起了燈火，照亮下一步該走的路。

推薦序——

我們的脆弱如此相似

文◎諶淑婷（作家）

在這個世界上，沒有一個角色能夠真正完美。

生而為人，總有不堪的時候，唯一的完美僅有嬰兒時期，看似脆弱，但存在本身已戰勝死亡，集聚真善美於一生，毫無猶豫地愛人與相信自己是被愛著的。

然後在成長過程中，我們被要求社會化而隱藏真我，捨棄純粹，學著變笨去配合團體規則，以為這一切是勇敢武裝，其實是封閉內心。如果生命沒有再起變化，大致就是這樣渾沌一生地過了。

但為人父母者很幸運（也可以說是不幸），在孩子出生後，再次接觸到自己丟失的真善美，曾經遺忘的那些在孩子一哭一笑間湧上心頭，一再地把我們拉至無法預期的生命境界，或是咻地拉回不願再回首的片刻時光。於是乎，養育孩子的這四、五年，是我最深刻思索生命、回溯童年記憶、琢磨與父母關係的日子了。

郭彥麟醫師寫下了各種心頭缺口，診間裡的那些父母，或許是追求完美，或許是自我責備，或許是被罪惡感綁住；有人不敢承認自己角色轉換的恐懼，有人始終否認自己有不完美的一面；無法承擔失去生命的折磨，無法面對分離恐懼；痛苦於自己在他人眼中的卑下形象；不敢承認自己是被孩子（或父母）拋下了。

從這些故事裡，我們都能看到與自己相似的模樣。

當媽媽後，我總是感到愧疚，在夜不成眠的日子想到母親曾幾次玩笑似地聊起，嬰兒時期的我被暱稱「千日哭」。別的孩子哭百日也就停了，適應了環境與日夜作息，唯獨我哭到讓全家手足無措，連祖母都抱著我到處去拜佛。我現在才懂那些玩笑話背後的折磨。但媽媽這幾年生病時，我已經無法隨侍在側，好幾次週末約好回去的日子，也因孩子病了、排了活動而臨時取消。

我對爸媽有愧疚，對自己更是。社會對母職的期待，讓我沒能力為自己爭取更多獨處時間；為了提供高品質照顧，我拒絕長輩協助，只為了避免電視、零食等任何「有害」孩子身心的因子出現。我對自己愧疚，當鄰居閒語昨天夜裡又聽到我家傳出嬰兒哭聲時，我的修養只夠對那些譏笑眼神保持沉默，而非揚眉質疑這些不相干的人憑什麼質疑我的努力，他們知道我這一晚只睡了兩小時嗎？

我為什麼不能捍衛自己也有情緒脆弱的時候？難道現代女性有了與男性不相上下的學、經歷，成為母親後，也必須如社會期待，事事冷靜自持？那麼多教養書警告我們，每一次的哭吼、咆哮、失控，都會變成孩子童年的傷。所以，我們不能當發狂的母獸，再疲倦不堪，也要戴好美麗、溫柔的面具。

只是這個面具太不牢固，在只與孩子獨處的時候幾次無聲滑落。深夜聽到老公的打呼聲，兒子卻還在翻來覆去，我忍不住罵：「不想睡覺的人不要待在床上，自己出去玩！」待孩子終於噙著淚水入睡，我又悔恨不已。明明知道孩子要的是什麼，明明知道眼前被黏膩依賴的日子不會是永遠，是倒數幾年的，就算還有九百九十九天，但終有用完的一日。

我帶著罪惡感，我害怕自己成為最恨的父母模樣。我發現，我正在用一種攻擊性的情緒懲罰自己。

不只是我，身邊有太多母親過得不快樂，甚至讓我懷疑她們情願沉浸在一股失去自我的失落中，任意地被情緒囚禁，藉此責備伴侶、家人不夠愛自己，不夠踏入自己的陰影。看著她們放棄自己、犧牲自己的身影，我感覺那不是溫馨家庭片，而是驚悚劇，以愛為名，卻讓孩子感到強烈的孤獨與被拋棄感。因為當媽媽的日子太孤獨了，明明家裡添了小孩，家庭大樹扎了根、幸福的枝葉在擴散，生活卻過得那麼沉重，彷彿自己就是唯一支撐的樹幹，幸福與憂鬱毫無矛盾地同時存在著。

撐著這個家的我們，自認張開了一支大大的保護傘，卻也被指責同時撒下了一張沉重的鐵網，將壓力籠罩著全家人。當我對自己的原生家庭抱持著憤恨與究責，也無法不去擔心，未來我的孩子也會說出「家庭會傷人」，我是不是成為孩子們眼中被困住了的生命。

成為母親，究竟是一份渴望、一樣禮物？或是一項責任、一種折磨？

不同於多數人著眼親子關係時，偏好琢磨於女性角色，郭醫師特別花了不少篇幅描繪那些閉在沉重的盔甲裡，無法動彈的男性，那些在孩子視線裡消失與缺席的父親角色。那不是指父親離家工作、父母離異這麼外顯的行為事實，而是情感上的距離。

台灣的多數父親，即便是現代男性，還是不改這種為全家人擋風遮雨的方式，壓抑地存在著。當孩子受傷而脆弱的時候，仍舊強硬地要求孩子勇敢、堅強。如果孩子被人打了，他再心疼，也不是扮演呵護、憐惜的角色，他要孩子打回去，那是他所能想到保護孩子的方法，因為從小就沒人告訴他：先靠近孩子的心，忠於自己不敢流露出的情感。這與女性成為母親後，因各種文化刺激而不再一心扮演傳統奉獻型慈母或虎媽，改以不斷反思，被愧疚感、幸福、厭惡失去自我等情緒包雜在一起的狀況，是完全不同的；而這樣的差異性，往往也成為伴侶關係破裂的關鍵因素。

不只是孩子渴望父親，妻子也是，她們渴望與應是最親密的戰友，談自己的期望、脆弱與壓力，等到的卻是失敗、笨拙、沒有表情與聲音的男性，難以向他們奢求安慰。

不過，我們已經走在兵荒馬亂的育兒的人生之路了，也發現自己離理想中的父母形象還有一大段距離。畢竟，父母原本就是一個困難且複雜的角色，難以被哺餵母乳時間長短、親自育兒或交給保母等條件定義。

我們所能做的，是提醒自己，在成為父母親之前，我們是獨立而完整的人，成為父母親之後，我們依然是，沒有人會突然變成聖人。承認吧！養兒育女帶來的不只有喜樂感動，還有焦躁、悲傷、氣憤、嫉妒、憎惡等真實情緒。唯有正視自己不堪與脆弱的模樣，才能做到堅強，為自己做出選擇，跳出「不夠好的父母」框架，選擇成為「成長中的父母」，當「學習愛自己的父母」。

自序——

沒有結局的故事

在成為精神科醫師之前，我就是個沉迷於故事的人，讀，也寫。

故事是現實與想像之間一個懸浮的空間，在歷史與神話之間，在天真的孩子與絕望的大人之間，好似一個與生活平行存在著，且活生生運行的世界。假的，卻是真的，虛妄，卻是蘊含希望，於是搗上耳朵，故事在耳裡響亮，闔上眼睛，故事在眼底明亮。

因為故事，所以使我成為精神科醫師嗎？或許吧，我不敢確定，我不敢那麼浪漫且無知地斷定，因為精神科的故事，鮮少是浪漫的。

即使有美麗的結局，也是從殘酷與苦痛中，一點一點撿拾回來的，撿拾微光，撿拾花瓣，撿拾在絕望裡迷路的孩子心中擁有的一點點希望。如果花能綻放，也是淚水灌溉，從灰燼化為的土壤裡奇蹟般地開出的。

診間裡的故事，很難像小說，能夠輕易地闔上。它並不與生活平行，而是重重地摔落於現實，狠狠地磨擦，貼著影子，發出刺耳的聲音，是掙扎，也是抵抗，試著尋找一點點呼吸的空間，然後才是撐起自己，重新學習站起的空間與力量。

診間裡的故事，不僅僅是聽，然後天真地想像便好。

有些故事好沉好重，像耳鳴，像目眩，像搬不動的巨石，重重壓在了生活上。這種時候，我會將另一個世界的故事打開，偷一些想像，偷一些希望，偷一點點抵抗重力的魔法，一點點天真到足以遺忘現實的孩子童話。

許多時候，我們是靠故事長大，靠故事勇敢作夢，甚至靠故事活下去的。或許，這便是我沉迷於故事的原因，也是我繼續坐在診間裡，聽故事的原因。

於是，我是個聽故事的人，也是個說故事的人。那麼，我算是個偷故事的人嗎？

雲降下了雨，流成一條河，匯入了海洋，熱氣蒸騰後，在天空，又凝聚成另一朵雲。山沖刷出了砂礫，撒成一片沙灘，浪捲入海底後，被時光揉成一片岩脈，大地甦醒時，又從海裡隆起一座山。

那麼，這新生的雲，是偷來的嗎？這新生的山，也是偷來的嗎？倘若，雲又降下了雨，山又沖刷出土壤，這濕泥裡開出的花，也是偷來的嗎？

我說故事，但我未曾認識故事裡的任何一個人。

我不偷故事的，但若說這些故事是捏造的，彷彿這些故事是虛幻的；若說這些故事是真實的，又彷彿這些故事是診間的拓印、切片與瞬間，在書頁上曝光後，直接沖洗出來。

這些故事是新生的，是我離開診間後，游入大海，深潛、溶化並沉睡後，被旭日或雷電喚醒，新生的，同樣以眼淚灌溉，以灰燼為土壤，開出花的朵朵群島。

前些日子，我學習精神醫學的老師向我要了一份閱讀清單，說是打算讓住院醫師與醫學生參考。我先給了幾本工具性的原文書，老師隨即不滿足地希望書的類型與題材能放寬、拉廣一些，只要跟精神醫學有關，小說、散文，甚至繪本也可以。

於是，我又加上一些跨領域的科普與文史類翻譯書籍：醫學文化史、談動物與人的精神共病、精神科教授的自剖傳記、孤獨、衰老與死亡的書、精神分析與人我關係的經典……而第十本書，我忍不住遞上了《生活是頭安靜的獸》這部短篇小說集。

這更自由，也更自我、私我的書單，彷彿離診間與會議室愈遠，離孤獨或擁擠的房間及日常愈近，就愈貼近真實的精神醫學。

《生活是頭安靜的獸》與《白噪音》都是我以為精神科醫師必讀的小說之一。《白噪音》談一場人為的災難，談的是焦慮、恐懼與死亡。焦慮是精神分析的核心，恐懼是生存的驅力，而死亡，是存在的矛盾意義。至於《生活是頭安靜的獸》，說的則是日常，是一個又一個人與人碰撞，受傷、痊癒（或來不及），然後再受傷的片段。那些故事真實得不像故事，像被窺看剽竊的人生，直接印上了書頁，那像是沒有魔法的《百年孤寂》，舞台劇版的《百年孤寂》，反覆地濃縮稀釋濃縮稀釋，直到可以在便利超商販賣的《百年孤寂》。

這些故事，像極了診間裡的故事，那些個案將日常反覆地濃縮稀釋濃縮稀釋，直到能傾倒入診間裡的故事。

在診間裡聽故事，是為了理解、診斷然後處方；而脫下白袍後，離開診間說故事，則是為了將我偷來的想像與希望，還一些些到故事裡，即使我沒有吳明益的魔法或村上春樹敲擊石頭的力量。

我不完美，我仍脆弱，但故事有自己的生命，超越我的力量，懸浮於現實與想像之間，抵抗重力，抵抗墜落。

就如我喜愛的另一本小說《時光的彼岸》中的對話。

「我一直認為書寫跟自殺相反，」她說：「書寫帶來不朽，擊潰死亡……」

「類似《天方夜譚》？」

「對。」

那是一本關於海嘯、九一一、霸凌、自殺、死亡、永恆與愛的故事，同樣地，它也是貼近精神醫學的故事。

感謝堆疊的瞬間，延續而成了這些故事、這本書。感謝在瞬間裡，信任且摯愛我的所有人，灌溉我以想像的孩子，盛載我以陪伴的妻子，以及以雷電喚醒我的編輯。

這些故事沒有結局，只是開始，它們繼續在診間外，與生活平行的某個世界裡開展，然後再回到生活裡，活成新的故事。一如，我仍在聽著、讀著、說著。

願有一日，我能說出如《生活是頭安靜的獸》那般真實而擁有翅膀的故事，在診間之外，為診間外的真實，施一點點魔法，喚醒一點點力量。

目錄

PART 1

那些流不出的淚

好好地哭吧，

這兒本來就是準備好要容納你的眼淚的，不是嗎？

PART 2

平凡人都有的傷

平凡的人與平凡的愛，
本就有軟弱，有懼怕。

PART 3

那離不開的心

有些愛，發生在理解之前。
有些陪伴，發生在分離之後。

附錄——

PART 1
那些流不出的淚

好好地哭吧，這兒本來就是準備好
要容納你的眼淚的，不是嗎？

潛水艇

多重角色的衝突

她終於找到一個沒有太多罪惡感，又可以放心躲藏的地方。她說，那像是一艘潛水艇，可以藏在眼淚之中潛航，不被聽見，也不被發現，安安靜靜地，潛到她最哀傷、脆弱的地方。

完美的母親，破碎的自己？

我們照顧著愈來愈多的角色，卻忘了照顧自己。

而受傷的自己只能躲藏：藏起疲倦，藏起脆弱，藏起眼淚，藏在完美的角色底下，藏在偉大的母性烈焰裡——只在靜靜的深海裡，我們才敢放聲哭泣。

然而，我們只是人，但願完整，卻無法完美。

生命中不同的角色，就像一塊塊缺角的拼圖，看見了空缺，才能拼湊出完整的自己。

而沒有一個角色是能夠真正完美的。

走入診間的是一位穿著及膝長裙套裝與高跟鞋的職業婦女，手裡端著一杯咖啡，試圖以濃烈的香氣掩蓋疲倦，但那凌亂垂下的假睫毛依然洩漏了一切。眼影下鎖著一汪眼淚，還有那再沒力氣說話的桃色唇膏。用力過度而微微顫抖的身體像一尊美麗卻哀傷的娃娃，在看不見的裡頭，狠狠受了傷。

她需要哭泣，讓疲倦、顫抖與哀傷能夠得到水分，發出聲音，然後平靜。

僅此而已。

我遞出了衛生紙，承接她收藏許久的哀傷。她猶豫了一下，接下衛生紙，然後像整片天空垮落在一座孤島上那般，徹底徹底地哭著。

曾有人說，遞出衛生紙像是一種拒絕，要求對方收起眼淚。但我總不這樣認為。在我心中，這姿勢是一種理解和包容，是任何哀傷與眼淚都能降落的一片柔軟土壤。

好好地哭吧，這兒本來就是準備好要容納你的眼淚的，不是嗎？

診間桌上總是會擺著一盒衛生紙，但許多人還是會抗拒在陌生人眼前掉淚，哀傷從嘴裡吐出，又靜悄悄地收回耳裡，淚水被緊緊地噙住了，一滴也沒落下。

曾有個女孩問我：「你們放的這些衛生紙是要讓人家哭的嗎？」

我說：「是啊！」

她繼續好奇地問：「真的有人會在這裡哭？」

我點了點頭：「會啊！」

她皺起眉，露出不可思議的表情，喃喃地說：「太恐怖了，太恐怖了。」

是啊，太恐怖了，輕易地將自己的脆弱袒露出來，真的太恐怖了。

對她來說，也是如此恐怖吧。

暴雨迅即淹沒了孤島，但也很短暫，她深吸了一口氣，倔強地又從浪裡立起，將眼淚擦乾。

悲傷，無濟於事，她總這樣想。眼淚就像滾燙的沸水，只是告訴她身上的盔甲有了裂縫，而這也是她所害怕的。

「醫師，我生病了嗎？」她用和緩的語氣問著，心裡卻是急迫地需要一個答案。

「嗯……我想你太累了，真的太累了。」我沒有回答她的問題，但我想，這才是此時她真正需要的答案。

她彷彿晃動了一下，如一場餘震，但這次眼淚沒再湧出，她似乎找回了力量，將所有的裂縫緊緊捏著。

她是真的太累了，只是這句話不能由她對自己說，必須讓一位醫師來對她宣告，如此，她才不會被自憐的羞恥感襲擊，也才不會被「不夠努力」的枷鎖拖入海裡。

而那海，就跟她隱藏起來的所有眼淚一樣深。

她出生於一個嚴厲且克制的家庭，**所有關於「愛」的實踐，就在於犧牲一切扮演好自己的角色**，而她也努力地成為一名獨立且符合期待的女兒。

她就在這凝滯的空氣裡長大，緊迫但還能呼吸。她看得出來，疲憊的父母親也是如此地自我要求，他們沒在痛苦的時候停下腳步，那麼，自己也沒有理由感到委屈。

然而，一層一層的角色，毫不停歇地疊了上來。

進入社會後，稱職的表現讓她站穩一個不甚輕鬆的職位。接著戀愛，她扮演一個獨立又體貼的完美女友，感情穩定地發展，她接受求婚，披著白紗步上紅毯。她很高興自己是如此被肯定且被需要，能成為一名妻子，也即將成為母親。

在鎂光燈的注目下，父親將她的手交給了丈夫，但她並沒有放開身為女兒的那隻手。「我只是進入了另一個家庭，並沒有離開原來的家啊。」她心裡這麼想。

那時，她含蓄而安靜地流下了眼淚，沒有委屈，而是感動。一切都是理所當然的，只要能被看見，便是最大的安慰了。

婚後，她與公婆同住，每天一睜開眼便提醒自己：在這屋簷下，她還有「媳婦」的角色。而隨著孩子出生後，能呼吸的空間愈來愈少，她依然不敢停下腳步，即便快要窒息。

一天，她忍受著生理期的疲倦與不適撐到下班，帶著罪惡感向仍在加班的同事道別，匆忙趕到幼稚園接孩子下課。看到還有其他孩子沒被接走，她鬆了一口氣。丈夫一如往常地傳來加班的簡訊，她反射地回覆了加油的貼圖，心中卻彷彿陷落了一小塊。

回到家裡，快速安頓了一些瑣事後，拉著孩子坐上餐桌，公婆正等待他們開飯。她告訴公婆，丈夫不回來吃晚飯了，然後夾了半塊滷牛肉到孩子的碗裡，再將另外半塊放進自己嘴裡。

還熱著，幸好。

「奶奶的滷牛肉是外面吃不到的喔！多吃一點！」她對著孩子說，心中又偷偷陷落了一小塊——再怎麼疲累，她都得惦記著別人的感受，從虛弱的身體裡，擠出微笑與讚美。

下腹突然一陣悶痛，還有一陣潮水般的濕溽感在底下沖刷著。她到廁所脫下內褲，發現經血已經染上黑裙，她無力地坐在馬桶上，吞了一顆止痛藥，躲入片刻的寧靜裡。

突然，急促的敲門聲將寧靜狠狠地敲碎。「媽媽！我要上廁所！媽媽！」

無處躲藏！無處躲藏……

她深吸了一口氣，只聞到濃濃的腥臭味。而心中陷落的那些地方，早已蓄滿了淚水。

幾天前，母親在她上班時來了一通電話，說父親騎腳踏車摔斷了骨頭。她看著手邊成堆的工作，一旁照片裡是她與丈夫一同擠著孩子的笑臉，而母親慌亂的聲音從電話那頭如潮水一波波湧來……聽著聽著，一個失衡，她跌入潰堤的淚水裡。

「我以前從來沒有這樣過，我竟然在上班的時候哭成那樣，好丟臉……好丟臉……」她垂著頭說著。

罪惡感加深了罪惡感，沉重得令人難以負荷。而連明白與承認這些，都讓她感到罪惡。

她要求自己扮演好所有的角色：妻子、媳婦、女兒、員工，還有不眠不休的母親。她不允許自己有片刻缺席或絲毫怠慢。盛裝登場，華麗演出，不是想贏得掌聲，而只是害怕批評，承受不了任何虧欠。

於是，她再也沒有時間與力氣扮演自己。

就像逃到了廁所還是無處可逃，每個地方都充滿了期待與要求，從電話那頭，從門縫那頭。

幾個月前，她買了一輛小車，許多夜晚，等孩子睡了，她便開著車漫無目的地閒晃。只是半個小時，關上手機，打開廣播，陌生的聲音從遙遠的地方傳來，而緊閉的車窗將身邊的聲音遠遠隔開。

然後，她開始無法自已地哭泣。

這樣很好，剛好，她終於找到一個沒有太多罪惡感，又可以放心躲藏的地方。

她說，那像是一艘潛水艇，她終於可以藏在眼淚之中潛航，不被聽見，也不被發現，安安靜靜地，潛到她最哀傷、脆弱的地方。

躲在裡頭，她就再也不會感到害怕了。

但，那終究很短暫，就像短暫的雨無法阻止一場乾旱。

「你還是得浮出水面。」我說。

「是啊，生活還是得過。」她擠出一個微笑，將揉皺的衛生紙丟進垃圾桶。

「帶著眼淚不行嗎？」我問。

她用疑惑的眼神看著我。

我試著告訴她，**那些恐懼，或許來自於她的想像，被不安全感所餵養的想像。**

「如果被看見會怎樣呢？會被嘲笑、被厭惡、被否定？還是會被拋棄、被不再需要？你只是一個人，卻得承擔那麼多的角色。當你只是一個女兒時，或許還可以追求完美，但現在你是妻子，又是母親，**你要如何滿足那麼多的期待而不感到疲倦？那些挫折，怎能不讓你感到無助而哀傷？**

「你需要一個安靜的角落哭泣，但你也可以帶著眼淚靠近那些珍惜你的人。我想，對於你所愛、所珍惜的人，你也不會拒絕他們的眼淚，不是嗎？眼淚不是罪惡的，很多時候，他們只是想看看你，無論你有多麼狼狽、憔悴，無論你是笑著，還是哀傷地哭著。

「你已經足夠堅強了，那些眼淚，不需要躲藏。」我堅定地告訴她。

某個疲倦的夜晚，她又開著車在夜裡潛航，黑暗裹著她，緩緩流動。封閉在車窗內的沉靜一瞬間將她的防禦融化，眼淚撲簌簌地落了下來。

繞過幾個街區，她收好眼淚，轉頭回家。停好車準備擦乾眼淚時，發現衛生紙沒了。

進到屋裡，見丈夫坐在餐桌前，她嚇了一跳，急忙別過頭去用手將眼淚抹乾。

丈夫靠了過來，沒說什麼，只是輕輕地撫著她的頭，遞給了她一張衛生紙。

她沒接下衛生紙，但倒進了丈夫的懷裡，拚命地拚命地，將剛剛沒收好的眼淚統統釋放出來。

後來，她告訴我這件事。

「我好像浮出了水面，找到停靠的地方……」說的時候，眼淚也落在那柔軟的笑容上。

對她來說，習慣眼淚不是件容易的事，但這一次，她沒有再躲藏了。

不是非得潛到那麼深的孤獨裡，才能流淚。也不是非得燦爛如一顆太陽，才能浮出水面。

堅強底下的不安，讓她選擇用孤獨的方式藏起眼淚，而這麼做又讓她永遠得不到撫慰，於是更加地孤獨與不安。

逃啊逃，逃到了孤獨的潛水艇裡……但終究，逃不開的是自己，那個害怕眼淚的自己。

玫瑰

揮不去的自責

她相信他們都是出自善意，但她很難不被他們說的話刺傷，在她耳裡，每句建議都像訂正，都像是直指著她的「缺乏」。

犧牲不是愛，陪伴與連結才是。

乳房是工具，還是身體？母親是容器，還是自己？哺乳，喚醒了「給予」與「保有」的矛盾，而吸吮就像是被渴求的滿足與被要求的罪惡感之間疼痛的拉扯。被渴求，母親在疲憊裡感到了安慰與滿足。但伴隨的被要求，則是壓在胸前的罪惡感。乳房只是愛的開始，並不是全部。真正擁有乳房的，是你。決定如何愛孩子的，也是你，但你得先能信任並珍愛自己。

那是母親的乳房，而不是孩子的乳房。

自主，是從乳房至身體，乃至生命與自我的肯定。
你愛你的孩子，你也會希望他，學會珍惜、肯定並保有自己。

幾個月來的喜悅、期待與沉重的疲憊，終於在劇烈的疼痛後暫時解脫，她幾乎馬上遺忘那過程中種種的疼痛：突來的擰絞，近似沉沒的下墜，無止境地撐開，然後是一直延伸到胸口的撕裂。

虛脫的瞬間，她失去了任何可能的優雅，頭髮凌亂，汗浸濕身體，尖叫後的聲音沙啞，空氣中混雜著碘酒與腥味。歇斯底里的哀傷與愛在她身上來回對抗，反覆地挖掘，終於將她徹底掏空——

她聽見了哭聲，與想像的不同，卻又如此熟悉。那是她賜予的，但她卻來不及思考便已然臣服，毫不在意地袒露胸部，毫不在意此刻自己是以何種模樣與孩子見面。

布巾裹著的，是一顆潮濕、溫暖而油膩的果實——護理師把寶寶安放在她的乳房上，她戴上眼鏡，在霧氣裡看著寶寶閉眼尋找，護理師以手指逗引著她的嘴張開，然後含下她發脹的乳頭。

一股新的疼痛，毫無防備地襲來！

她再度落下眼淚，因那太快又被喚醒的痛，也因為真實。

這一刻，她徹底明白自己成了「母親」。痛楚來自外在，來自於一個獨立的生命，她再也無法逃避，所有曾想像的喜悅與哀傷都化為真實，自此依附在她身上，拚命地吸吮。

而所有的愛也是，正趴伏在她的乳房之上，有著如此確切的重量。

她皺起眉，忍不住呻吟。

「放輕鬆，她還在適應這個世界，她需要一些時間來認識你。」

寶寶睜開了眼睛，她看著對自己乳頭施加痛楚的這孩子，吸吮得如此貪婪，也如此無辜。

那她自己呢？這世界又願意給她多少時間來認識這個孩子呢？

她好疲倦。整個孕期如此漫長，但此刻卻又來得太快。

她對身旁拿著手機錄影的先生投以求助的眼神。

「讓她休息一下吧。」先生開口說，代替她將那些彷彿軟弱又充滿罪惡感的要求說出來。她連請求都不敢，何況是要求。

護理師將孩子抱離她的乳房，她感覺到乳頭的拉扯。胸前少了一坨重量，她深吸了一口氣，疲憊地閉上眼睛，不知怎地，眼角又流下淚來。

恍惚間，她聽見護理師問先生：「你們有帶自己的奶粉來嗎？」

沒有，**她只將自己帶來，她以為自己就能給予孩子一切。**

只是現在，她已經無力回應什麼了。

孩子被送往了嬰兒室，她也在半睡半醒間被推回了病房。

丈夫攙扶著她從推床移到病床上時，踩地的瞬間，她感到一陣輕飄飄的暈眩，這才發現身上竟少了這麼多重量，像是遺失了什麼一樣。

躺上床，終於，她沉沉地睡著了。

在醫院的那幾天，哺乳的過程像是一開始就錯拍的舞步，她的乳房總無法回應孩子的哭號，乳汁不能如圓滑的旋律流動在她與孩子之間，不是拉扯，便是碰撞，充滿挫折的她也只能以眼淚回應。

因此，她開始退縮，不斷延遲母嬰同室的時間。有時是真的疲倦，有時則是感到害怕。

「如果相處的時間太少，之後回家可能會更辛苦喔。」醫生訪視的時候，委婉地說。

朋友來訪時，也總是在搜尋著寶寶的身影。

「我那時候也是一樣，一邊哭，一邊跟我兒子打仗。」

「對啊，真是一場噩夢！不過值得啦，後面會愈餵愈順的。」房裡都是成為母親的女孩，朋友自在地掀起上衣哺餵起第三個孩子。

「實在是很佩服你欸，生孩子跟大便一樣，餵奶像開水龍頭一樣。」另一個朋友調侃著。母親們笑成一團，她也輕輕陪著笑。

她知道笑聲裡試圖的支持，但這時候，她卻渴望著有更多獨處的時間，來消化不斷湧入她生命的這一切：孩子、乳汁、愛，與身為母親的愧疚。

最後一晚，懷著愧疚的她覺得自己好像該多做些什麼，於是在丈夫獨自出發去嬰兒室接寶寶後，她撐起身子，坐在床緣，猶豫了一會兒，慢慢跨出了病房。

有人說，生產不是病。那這還算是病房嗎？但此刻她覺得，或許自己真的是病了。

走不快，焦慮與哀傷拖著步伐，但她沒有停下來，她該去迎接她的孩子，看看孩子孤單面對的是一個什麼樣的地方。她想主動靠近一些，彌補自己這個做母親一直被動地逃避，而虧欠孩子的時間與距離。

快走到門口時，電動門唰的一聲開啟，一個男人推著嬰兒準備出來，她瞥見先生就在門後與護理師說話，便往旁靠著牆等待。

「呃……你們的小朋友是預期外的嗎？」護理師有些遲疑地問。

先生愣了一下，接著帶著一貫溫和的微笑，堅定地說：「喔，沒有喔，這是我們期待很久的孩子！」

門緩緩地關上，又唰一聲打了開來。先生推著寶寶出來，看見她時嚇了一跳。「你沒迷路啊？」

她靠過去，傾身看了看熟睡中的孩子，然後牽起先生的手。「哪有媽媽找不到自己孩子的。」

其實，她的心剛剛碎了，不過又被先生緊緊地握住了。

是的，雖然焦慮，但對於孩子的一切，她還是滿懷期待。懷孕、生產、哺乳……這些唯有母親能擁有的感受。

她閱讀了大量關於哺乳的資訊，熟知母乳的各種優點，也明白那將是一項艱鉅的任務。因此，她知道大家的出發點都是好的，說的都是對的。

是她自己錯了。

當初她並沒有真正明白，未從那些彷彿產品說明似的衛教資料、輕輕帶過的部落格分享文章，或是朋友誇張鼓吹的表情裡，看出背後的真相。

她沒有真的明白，那不只是艱鉅的任務，更暗藏了種種複雜的濃烈情緒：痛苦、哀傷、愛、罪惡、歉疚、驕傲、剝奪、滿足……就像飽脹的乳房底下，密布的乳腺與乳汁。

哺乳，不僅僅是營養的知識與哺餵的技巧，更是情感與生命的傳遞，於是關乎連結、占有與犧牲。

而這，還只是一生糾纏的開端而已。

回家後，雖然日子還是曲折，但總算是能緩緩前進。

在那不斷喚起她罪惡感的啼哭間，她用配方奶與奶瓶換取喘息的片刻。而孩子依偎在她乳房上安靜吸吮的祥和時光，也總神奇地給了她滿足及力量，彷彿被餵養的是她，依靠著的是她。

然而，生命仍有如戰爭，和平時光似一首歌般短暫，她依然不是自己理想中的母親。日子裡，她內心的矛盾絲毫未減，反而累積得更多，淚水也似乎總比乳水來得豐沛。

就如同波蘭醫師雅努什·柯札克（Janusz Korczak）在《如何愛孩子——波蘭兒童人權之父的教育札記》中所寫的：「**這是兩種願望、兩種需要、兩個互相摩擦的自我之間的衝突。**……母親受苦，孩子出生；母親想要在生產後休息，孩子要求母親餵食；母親想睡覺，孩子渴望母親一直照顧他……」

因此，每當感到挫折、疲憊時，深藏的那個念頭又會浮現出來——掙扎了幾個月，她還是決定回到職場。

她深知人情的脆弱，只要空隙存在，耳語與暗塵便會偷偷地積起，久了，便來不及清理。復職那天，上司寫了卡片給她。

同樣身為母親，我很感謝你願意回來。

她看著這行字，不知怎地，瞬間被淚水淹沒。

她的理想是親餵到孩子六個月大，雖然現實逼得她向配方奶投降，但她仍帶著擠奶器上班，努力用一點一滴的乳汁換取時間。

然而最後，半夜的高燒還是讓她提早放棄了。她因畏寒也因啜泣而顫抖著，身邊的先生醒來，摸了摸她發燙的額頭說：「早上我陪你去看病吧！」

「沒關係，我自己去就好，這樣你還要請假。」

「反正我也很久沒請假了，我也需要休息一下。」

「對不起……」

丈夫沒說什麼，只是睡眼惺忪地微微一笑，起身倒了杯水，拿退燒藥給她。

毫無意外地，是該死的乳腺炎。腫脹疼痛的乳房像硬邦邦的水泥，發燙的石頭，但對她而言，那更是刺痛了她的巨大絕望與排拒，如同阻塞的航道，她被自己的乳房背叛，與孩子最親密的連結被截斷了，日漸乾涸。

雖然旁人總說這是必經的試煉，自己也忐忑做著心理準備，但那挫敗感還是超乎想像，徹底擊潰了她。誰知道柔軟的乳房竟可變為鐵石般的惡魔，彷彿不再為她所有，反過來噬咬她。

「夠了！走到這裡，已經夠了。沒人能逼迫自己一直待在絕望裡的……」她吞下消炎藥，在發燙的意識裡告訴自己。

然而，罪惡感並沒有放過她。

她想起當初不知在哪看到的畫，風格強烈的墨西哥女畫家芙烈達．卡蘿（Frida Kahlo）的〈我的奶媽與我〉（My Nurse and I）。畫中，芙烈達化身為一個小女孩，躺在戴著石頭面具而顯不出表情的女人懷裡，張口接著女人左乳泌出的乳汁。左乳裡的乳腺與乳管刻意地清楚描繪出來，宛如解剖，又像是冰冷的機械構造圖。

芙烈達曾透露母親生下姊姊十一個月後便生下她，因此無法為她哺乳，而將她交給一名陌生的奶媽。也有人說，其實她的母親是陷在產後憂鬱裡頭。

當初，那幅畫作便讓她感到哀傷，因為缺席的母親、失去臉孔的面具，以及那赤裸裸、滴著淚的乳腺，也因那有著長不大的身體、眼神疏離的小小芙烈達。

如今，她更可以清楚地感受到那乳房裡頭的疼痛，與被控訴的哀傷。

辦公室裡有許多年紀相近的母親，停餵母乳的她像是提早投降的傷兵，關心與流言蜚語紛紛在耳邊響起。每當她因為孩子生病而請假，就更加提心吊膽，想像著四處將投來責備與譏笑的眼神。

「真的不餵了嗎？好可惜，之前那麼辛苦。」

「可以多補充一些益生菌，聽說這牌子不錯，試試看吧！」

她相信這些都是出自善意，但被罪惡感擄獲的她，很難不被這些話語刺傷。在她耳裡，那些「建議」都像訂正，而「補充」聽起來都像是她的「缺乏」。

母親，必須是一個完美的角色，**沒有乳汁彷彿不是真正的母親**，就成了被獵殺的女巫。

所幸，還有先生與母親的體諒與支持。先生總說自己小時候也沒喝母乳，母親則開玩笑地說：「其實我也沒餵你多久，就當是外婆我欠她的吧！」

確確實實決定不再哺乳的那天，她在自己的左胸上刺了一朵小小的玫瑰。

不久後，她參加同事的喜宴，玫瑰在小禮服的低領邊緣若隱若現。大家好奇地探問起來，有人覺得可愛，也有人稱讚性感。

一位同事看似無心地說：「咦？我以為你很怕痛欸！」

她愣了一下，笑著回：「呵呵，這個忍一下就好了。」

但被喚醒的歉疚與悲傷，並不只是一下下而已。

「我以為我很會忍耐了，但似乎還是不夠……為什麼？為什麼我不能決定我該不該繼續餵奶？為什麼我不能決定該如何愛我的孩子？」在診間裡，她的憤怒聽起來只剩下無助。「我還是沒辦法忍住不責怪自己。或許，我真的就只是個不夠勇敢又自私的媽媽。」

「如果真的是這樣，或許你就不會這麼自責了。」我看著眼前陷在矛盾的哀傷裡的她說。

那痛，不正是來自於犧牲與存活之間的拉扯？不正是當自我進入父母的角色後，因本能與被強求的愛，而面臨的匱乏與恐懼嗎？

那痛，是真真切切屬於一位母親的。

「**沒有人可以決定你該如何愛你的孩子，但請別用罪惡感去愛。**母親，是一個很困難且複雜的角色，如果只用母乳去定義她，不是太簡單了嗎？」我說。

《乳房——一段自然與非自然的歷史》是作者佛羅倫絲．威廉斯（Florence Williams）成為母親後，面對哺乳的困惑與焦慮而展開的一段書寫探索。

書中提及一個女人在哺乳的當下，正消耗全身百分之三十的能量，餵養給一個新的生命。這個數字乍聽驚人，卻又不令人意外，我們也因此有了宿命的、浪漫、神聖又充滿悲劇性的各種想像。

我想起以色列沙漠中的條紋穹蛛（Stegodyphus lineatus），牠以最劇烈的犧牲方式，讓自己成為剛孵化的孩子食物，科學家更發現這種母蜘蛛不只將自己獻上，甚至主動提早分解自己的身體，待孩子孵出後，牠便可立即將液化的內臟反芻出來。

如女人以自身血水釀成的乳汁，百分之三十，如此劇烈地被掏空著。

「應該是確定不餵了吧？」我問。

她苦笑著搖搖頭。

「嗯，也好，這樣我們就可以放心地服用藥物了。不然，你好容易責怪自己，又會陷入另一種痛苦的矛盾之中了。」我也苦笑著說。

她流下眼淚，輕輕嘆了一口氣。

我看了看她，再看看先生懷抱裡的女兒，長長的睫毛，一張讓人難以抵抗的熟睡小臉。

她這麼小心翼翼地嘆氣和流淚，是深怕吵醒女兒吧。

「她叫什麼名字呢？」我問。

「曉玫，我們都叫她『小玫瑰』。」先生抬頭，微笑著對我說。

某方面而言，母乳也是一種「物質競賽」吧。其實孩子真正需要的是一位能夠善待自我、認同自我的母親，因為孩子總能毫不費力地覺察這些，並毫無抵抗地將這些內化，帶入他們的生命裡。

那些不僅是抵抗細菌、病毒的抗體，更是他們面對挫折與哀傷時，更強大且珍貴的愛。

我們終究不是蜘蛛，我們還需要以父母的角色陪孩子走一段長路，我們還得生出更多愛來支撐自己，才足以支撐孩子。

而這一切，總不能在一開頭就犧牲殆盡。

鏡子

最深的恐懼，也是最強韌的力量

她從鏡中看見了不同的自己：那個恐懼哭泣的女孩已經成了母親，成為一頭被「愛」驅使的母獸，陪伴著橫衝直撞的小獸，一同又哭又笑地受傷、療傷，然後成長。

害怕是因為在乎，而看見了這些，
便是改變的開始。

我們成為父母，在鏡子裡看見了自己父母的模樣，而原生家庭的傷從隱隱作痛轉為鮮明。這份痛楚令我們害怕，害怕在鏡中看見像自己的孩子，看見這些傷在孩子們身上繼續痛著。影子，到底是在鏡子裡，還是我們心裡？

終於安靜下來了，整個世界與屋裡的野獸——只有在最深的黑暗裡，她才不用戰鬥，不用扮演慈愛的母親，盡責的母親，細心的母親，勇敢而溫柔的母親。

她從冰箱拿出紅酒，倒滿隨手取的馬克杯，癱坐在落地窗旁的沙發上。沒點燈，暈黃的路燈如薄霧飄著，杯裡的酒如夜色一樣深，她喝了一大口，舌上的酸澀與喉嚨的冰涼，到了心窩反而湧起一股暖意，彷彿填滿了深不見底的黑，也撫平了整日難以沉靜的思緒。

玻璃上有模糊的倒影，那是她，只有在黑暗中，她才能找回那個模糊的自己。

孩子接連出生後，生活變得擁擠而破碎，屋裡總有聲響，夜晚總會被熄滅又亮起的燈擊碎。她不敢再喝酒，因為她得擔任理智的「馴獸師」，與孩子一起在籠裡練習規律的行走節奏、優雅的捕獵技巧，以及溫和的低鳴，甚至吼叫。

她得維持清醒，夜晚在孩子闔眼後才開始，而睡眠在孩子甦醒前便已結束。她追趕時間，也被時間追趕，彷彿在驅趕孩子的同時，獸籠裡的她也被什麼驅趕著。

她只是一頭母獸，被殘酷的生命驅趕著，而焦慮與緊迫激她發出了失控的怒吼。

醉意如海潮湧來，晃動。

她想起蜜月時在無光的海灘上與先生喝酒，黑暗裡，先生的笑臉透著幸福的亮。那時她還不大會喝，一會兒便醉倒了，隔日醒來，民宿的落地窗外已大亮，仍昏沉的她慌張地問：「昨晚我怎麼了？」

先生端來咖啡，微笑著說：「沒什麼，你只是又哭又笑的，說了一些『祕密』。」

「祕密？我到底說了什麼？」

「不能說，那是祕密，等我喝醉了再告訴你。」

但之後，他們再也沒那樣喝醉過，想想，夫妻倆連像那樣安靜的獨處都未曾有過了。回想起那樣的放縱，她有些迷戀，也有些生氣，不確定那種自由卻又失控的感覺是讓她尋回了自我，還是失去自我。

猛然想起先生今晚不會回來，就像某件早已遺失的物品，讓人有些失落，卻沒有太多的哀傷。

總是這樣，突然來了一則訊息告知，然後先生就被她從來也搞不清楚的工作吃掉了。他會再被吐回來，但像是塊被嚼爛的殘骸般支離破碎，再也沒有那黑暗裡也能清晰看見的笑容。

也好，她需要一個安靜的夜晚，這個家已經太擁擠了，而許多時候多一具疲倦的軀骸，只是顯得更寂寞。

酒精彷彿馴服了一切，這時的屋裡靜得不可思議，方才她的咆哮、嘶吼都宛如夢境，孩子的哭聲也變得遙遠而不真實。

但她明白，很快地「小野獸們」就會甦醒，而自己又會成為失控的母獸，就像一個小時前那樣，變得連自己都感到害怕。

本來應該是個美好的夜晚，約定好說完故事就要睡了，妹妹吸著奶嘴眼神迷濛，哥哥卻毫無睡意，眼皮像裝了彈簧，怎麼樣都闔不上。他翻來覆去，最後忍不住問：「媽媽，妹妹為什麼還要吸奶嘴？」

「噓……因為妹妹還小啊。」她壓抑著焦慮，輕聲地說。

「可是她白天不用吸啊！」兒子也放輕了聲音。

「她晚上要吸才能睡覺啊。」

兒子要求，「我睡不著，我也要吸。」

「你是哥哥，你已經長大了，已經很久不用吸奶嘴了啊。」她突然覺得好累。

兒子不放棄，「可是我今天睡不著，我想吸奶嘴。」

「媽媽沒有你的奶嘴了啊。我們閉上眼睛安靜一下子好不好？一下子就會睡著了，這樣明天才有力氣去玩啊。」儘管疲累，她仍緩緩地溫柔開口，試著安撫兒子，也安撫自己。

這失約的小獸，眼看就要吃掉這美好的夜晚了。

兒子閉上眼睛，但沒多久就翻身坐了起來，在黑暗裡就像隻永遠飢餓的小獸，哽咽地說：「我沒有奶嘴睡不著……」

「你可以的，而且我們家現在只有一個奶嘴。」她的語氣變得強硬，原本柔軟的毛在兒子的眼淚威脅下，不自覺地豎成了刺。

於是兒子展開了攻擊，越過她，用力從妹妹嘴巴裡抽出奶嘴，塞進自己嘴裡。一瞬間，她和女兒彷彿也都被抽走了呼吸，接著女兒的小臉開始漲紅、猙獰，嚎啕的哭聲如海底火山噴發，宣告了災難的來臨——又一隻小獸甦醒了，熔岩流入她的胸口，哭聲讓空氣沸騰。

她閉上眼，感覺全身用力燒著，一切都在燃燒，絕望地燃燒！溫柔與讚美，擁抱與期待，寧靜與晚安……所有努力和忍耐都白費了，統統在哭泣中被焚毀，轉眼就要化為灰燼。

她睜大燃燒的雙眼，像隻殺紅了眼的母獸。「你在做什麼?!」她將奶嘴從兒子嘴裡搶回，用力丟到地上。「搶什麼搶？兩個都不要吸！」

兒子愣了一下像是嚇著，空下的嘴隨即開始哭吼，而女兒喚不回奶嘴，也跟著更用力啼哭。

「哭什麼哭？這麼沒用！統統都沒用！什麼都不會只會哭！」她對著兩隻野獸發出巨吼。

她再也不想努力，不想忍耐了！她只想使勁地哭吼、咆哮，盡情失控，變成發狂的母獸，**一頭疲倦、飢餓，但真實的母獸**。

「再哭，再哭我就把你們統統丟出去！床是給睡覺的人，不睡覺就出去！」她瞪著他們，然後起身用力甩上房門。

背對著門，她止不住地哭了，在耗盡全力的憤怒之後，在孩子含著淚水噤聲之後……夜幕被哭聲擊碎，而罪惡感也隨著眼淚不絕地湧入。

此時此刻，沒有愛，只有恨——她是沒用的母親，失去理智的野獸。

「我真是失敗的母親！我失控了，那時候竟然心想：『真後悔生下你們！』我忍住了沒說，但忍不住去想。我很害怕……」在診間，她哀傷且自責地說。

「害怕什麼呢？」我問。

「**害怕變成像我爸媽一樣……**」

她流下眼淚，沒有恨，只有擔憂的愛。

模模糊糊地，她一直記得那個晚上，還有那一片連自己都幾乎看不見的黑。

或許是停電了，有狗吠、腳步聲，還有鐵門哀號般的摩擦聲，在沉默的黑暗裡忽近忽遠地迴盪。是爸爸回來了吧，濃濃的酒氣從門縫流入，客廳裡一陣翻箱倒櫃聲，有東西被摔碎了。黑暗裡，那些聲音變得格外巨大，卻也有些不真實——真的是爸爸嗎？還是壞人？或是外星野獸？

她跟姊姊躲在房裡，什麼也看不見，想像著各種可能讓她們害怕或安慰的畫面：是酒醉亂語的父親？還是抱起自己轉圈圈時，那個溫柔卻不多話的父親呢？

突然，「砰」的一聲巨響，所有畫面都碎了！即使什麼都看不見，她還是害怕地摀上了眼睛。

「幹什麼？沒錢啦！整間厝讓你翻過來也沒錢啦！」她聽見母親的怒吼才確認那是誰，是飢餓的野獸，戴著「父親」的面具。

「幹什麼？幹你娘啦！整天到晚看你爸無，幹！」野獸也發出充滿腥臭的怒吼。

桌椅碰撞，玻璃碎裂，然後是淒厲的哀號：「啊！不要這樣，不要……」

姊姊將自己擁得更緊，而她可以感覺到姊姊也在顫抖。她好用力閉著眼睛，卻無法阻止那些聲音不斷地穿透黑暗湧來，她彷彿可以看見野獸撕咬的血淋淋畫面。

「安怎！這樣有錢了沒？幹！搖擺三小，一定要你爸給你好看。沒錢去賺啦！幹！」接著又是各種碰撞，彷彿星辰都在墜落。鐵門哀號，凌亂遠去的腳步聲，狗吠，然後是一片耳鳴般的寧靜。

她從姊姊的懷中掙脫出來，打開房門，母親坐在歪斜的破舊沙發上，身邊一盞傾倒的檯燈仍亮著，但微弱的光像半閉的垂死眼睛，屋裡反而顯得更黑。

黑暗中，母親的臉模糊難辨，但她臉上泛著幾道緩緩流動的光，看不清是血，還是淚。

母親手裡握著一只瓶子，微微朝她這裡看了一眼，仰頭就著瓶口喝下了什麼。她認得那個瓶子，它就藏在廚房流理台下的深處，母親偶爾會在深夜時拿出來，一點一點地像是把什麼珍貴的祕密靜靜喝下。

「那是藥酒，大人喝來止痛補血的。」姊姊悄聲告訴她。

「補血？」她疑惑地問。

「反正你長大就會知道了，小孩不能喝的。」姊姊神祕地說。

母親大口大口地喝著，濃烈嗆鼻的味道彌漫了整間屋子。為什麼這次不是一點一點地喝呢？是因為很痛，還是因為流了很多血呢？

她終於忍不住，大聲地哭了出來，像在黑暗裡落單迷路的小獸哭出了所有的不安與恐懼。

「哭什麼哭！我又沒打你，還是要打才不會哭！」母親看著她，將空了的酒瓶砸向牆壁。

姊姊衝了出來，抱住她。

「都是因為你們，不然我不用被關在這裡！哭什麼？哭就有錢嗎？哭就不會被打嗎？哭大聲一點，看你爸能不能早點死！」母親繼續咆哮著，酒的氣味將熟悉的一切都掩蓋了，她聽不懂母親在說什麼，就是止不住哭泣。

母親不是也在哭嗎？

不！那不是母親，那也是野獸，戴著「母親」的面具。

長大後，她終於懂了那些話，也嚐到了酒的滋味。**酒是止痛的，但不是讓痛消失，而是讓「自己」消失**。她太容易醉了，只有在信任的人身邊才敢放心地喝，她總害怕自己體內也有像母親一樣的野獸會被酒召喚出來。

成為母親後，這樣的恐懼更強烈了。她逐漸明白被囚禁的感覺，也更意識到內心那股想要掙脫的衝動。但她愈是壓抑，那頭野獸卻彷彿愈巨大，掙扎的喘息聲也變得更清晰。

「結果還是一樣……」

那個夜晚，她在醉意與罪惡感中朦朧地看著玻璃上的影子，彷彿看見了母親。

「我想，還是不一樣吧！」我眼前的是另一個母親，雖然同樣哀傷與茫然，但不一樣。「**當我們擔心自己會變得一樣時，就已經開始不一樣了啊**。你能夠看見，也希望改變，這就是最大的不同，所以你才會出現在這裡，不是嗎？你需要的是多一些信心，還有對自己的包容。罪惡感只會讓你失去力量，讓你迷失，讓你看不清自己。」

她在鏡子裡看見的不是自己，而是她母親的陰影。

有時候，我們愈恐懼，就會愈不自覺地往恐懼靠近，因為我們以為自己沒有力量，只能絕望地臣服於熟悉的恐懼。

我們愈是害怕成為野獸，就會愈忘了去安撫自己內心的那頭野獸，忘了發狂的牠往往也正受著傷。怒吼，有時是最絕望的哭號。

幸好，我們都會長大。

我們將學會看見自己，並且看清鏡子裡的到底是自己，還是別人。我們將擁有力量拭去鏡子的髒汙，對鏡中的自己露出包容的微笑。我們期待改變，渴望改變，也願意改變，於是我們將能變得不同。**儘管仍作著噩夢，感到疼痛，但含著眼淚的我們將變得更堅強，懷著憤怒，但是更溫柔一些。**

我們將會從母親的影子裡，看見不同的自己。

那個恐懼哭泣的女孩已經成了母親，成為一頭被「愛」驅使的母獸，陪伴著橫衝直撞的小獸，一同又哭又笑地受傷、療傷，然後成長。

就像簡媜在《誰在銀閃閃的地方，等你》中所寫的：「我們總會走到夠強壯的年紀，迴身把記憶中那個啼哭的小孩解救出來。」

又是夜晚，孩子們已睡，她坐在沙發上，享受這短暫的難得寧靜。

先生回來了。他換下西裝後到廚房倒了杯水，也走進黑暗裡，靜靜地坐在她身旁。沙發晃動了一下，像船靠岸的瞬間。

「今天燉牛肉啊？」先生問。

「啊？沒有啊。」她狐疑地答。

「我看冰箱的紅酒沒了。」

「啊，被我喝掉了，呵呵。」她尷尬地笑著。

「沒醉嗎？」先生皺眉但笑著問。

「醉了也不記得吧。」

「嗯……我們真的好久沒去海邊了。」

「嗯嗯。」

真的好久了，連一起坐在沙發上這樣說話，都隔了好久了。

「那天你說了好多事情，說自己有多討厭酒，卻拚命搶我的酒去喝。」

「我到底講了什麼祕密啊？」她乘機追問。

「有好多我也不記得了，我只記得，你說你終於要實現你這輩子最大的夢想了。」

「最大的夢想？」

「你可是一邊哭，一邊對著大海發誓說的喔！」先生高舉起手，逗著她說。

「所以到底是什麼？」她焦慮地問。

「你說，你要當世界上最棒的媽媽。」先生看著她說，眼睛像以前那樣閃著光芒。

她流下淚來，許久說不出話。「我真傻，這什麼無聊的夢想啊！」

「對啊，所以說你醉了。」

「這夢想好難實現啊！真的好難啊……」她搖著頭，流下了更多淚。

「我們不用當世界上最棒的，你已經是我們家裡頭最棒的媽媽了！」先生依然定定看著她，眼神疲倦但堅定。

「這算是安慰嗎？」她又哭又笑地說。

「我這麼累了，你就體諒一下吧！」

「好吧，你也算是我們家裡頭最棒的爸爸了。」

先生舉起水杯。「謝謝！先乾囉！下次喝酒請記得等我。」

「那你要先記得回家。」她用指尖在玻璃杯上彈了一下。

在黑暗裡，他們又坐了一會兒。落地窗的倒影裡，沙發像一艘小船，安安靜靜地載著一對疲倦的溫柔野獸。

不擁擠，也不寂寞。

我們都是野獸，有愛，也有恨，用同一張嘴親吻，也撕咬，同一張臉猙獰也微笑。「愛」與「恨」是獸性、天性，也是人性。

我們最深的恐懼，也是最強韌的力量。

女兒零零落落地扒完了碗底的飯，播了一桌子的種子，臉上也留下了紀念品。

「帶便當囉！」我看著她說。

她趕緊跑到鏡前端詳，伸長了舌頭，硬是將嘴邊脫逃的飯粒抓回嘴裡，然後像往常一樣捨不得離開，繼續滿足又驕傲地欣賞鏡子裡那張橡皮糖似的，歪七扭八的小臉兒。

這有趣的平凡片刻，其實是所謂「自我」施展魔法的時刻。我們從鏡中看見了「我」，卻不是「我」，但又因此找尋到了「我」，確認了「我」。鏡子像是某種測驗，見證著自我的成長變化。

初生的嬰孩仍沉浸在混沌裡，鏡中的影像與其餘繽紛模糊的世界無異，那只是一張尋常的臉，他不明白也不在乎「我」是什麼，「我」在哪裡。從某一刻開始，他會拍打鏡中的自己，驚慌、困惑、興奮且好奇，這個在他之外的世界開始成形，而他也以逐漸成形的自我向外探索：那個「鏡中我」跟「我」，為何相同卻又相異？為何看得見卻摸不著呢？再大一些，鏡中的影像終於跟自己產生了連結，他明白那是我，卻也不是我，於是「自我」的概念變得更抽象，也更具體，如同女兒對著鏡子，一邊觀察，一邊不斷扭動改變的「自己」的臉。

看著鏡子，才能調整姿勢，抹去臉上的髒汙，想像自己在別人眼中的樣子。漸漸地，這面鏡子會更巨大、更複雜，整個社會與相遇的人都會像不同的鏡子，反映著我們生命的種種面貌，形塑我們對自我的認識與評價。尤其是與我們最親近，我們最在乎與最愛的人。於是這個好不容易看清的自我，又變得更模糊而複雜了。

但如果髒汙、扭曲的是鏡子本身呢？

倘若我們永遠在凝視、追隨鏡中的影像，只以鏡中的虛像為唯一的依據，我們便可能迷失，遺失真實的自己。面對一面失真的鏡子，我們會變得茫然，自我懷疑，不敢確定自己是否真如鏡中那般變了模樣。

真實的我，到底是什麼模樣？

冰箱

總是覺得自己不夠好

「冰箱媽媽」……她傷心、愧疚又憤怒，在心中嘲笑、厭惡自己，卻也可憐起自己。

在追尋完美的迷宮裡，
最後可能找不到自己……

我們是不夠好的父母，還是足夠好的父母？
包容所虧欠的，看見所給予的——
我們或許永遠不夠好，但要能看見，我們已足夠好的部分。

鬧鐘未響，她便醒來，陽光斜斜地從窗簾的縫隙射入，切開陰暗的房內，她獨睡的雙人床。

下午三點多，她沒再賴床，起身拉開窗簾，窗外是傍晚喧囂前的寧靜，大人都在外掙錢，老舊的社區內只餘老人與孩童的閒聊嘻笑。孩子需要未來，而大人只有現在，只好犧牲一種責任以承擔另一種責任。

她掃了一下屋子，洗好米放入電鍋，切了半顆高麗菜，晾好睡前放入洗衣機的衣服，匆匆趕往黃昏市場。回來炒了培根高麗菜、番茄炒蛋，用調理包煮了一小鍋奶油玉米濃湯，加上市場買回的肉捲，擺上餐桌，便又倉促出門。

往學校的路上在麵包店買了隔日的早餐，接到孩子，母子三人擠在小小的機車上，柏油路烙出山一般的側影，夕陽仍炙熱，汗貼著汗，在烏煙裡熏著。

回到家，是一連串的驅趕：吃飯，寫功課，收書包，洗澡，準備睡覺，她自己也在孩子移動的間隙裡吃飯、倒垃圾、洗澡、喊叫，然後喘息。

先生回來了，他不需被驅趕，但需要為他填補飼料。疲憊與匆忙剪碎了夫妻之間的談話，她急著交班，言語裡的責任多於情感。

收拾好餐桌，先生負責洗碗，她將剩餘的飯菜冰入冰箱，在門上貼了五顏六色的便條紙：「明天早餐吃冰箱的三明治。」「妹妹穿新襪子，舊襪子已經破了！」「哥哥畢業旅行的錢放在餐桌上喔！」「提醒爸爸，地下道封閉，上學改走陸橋。」

很奇怪，口頭叮嚀得再多都不如這些便條紙有用。

或許是一種從小的依賴，**每當我們走近冰箱，總習慣打開看看裡頭有些什麼能夠填補、滿足自己**——裡頭有光、有水、有食物，還有被遺忘的東西。於是，在彼此錯過的生活裡，冰箱內傳遞了食物，冰箱外傳遞了言語。

如此，是冰冷，還是保溫？是疏離，還是連結？是永恆，還是過期的愛？

晚上七點半了，她出門上班，從晚上八點到隔日早上八點共十二個小時的大夜班，工廠作業線像冰箱馬達一樣二十四小時運轉，她被放入半天，然後再解凍半天。她想起忘了跟孩子說晚安，但時間不分晝夜毫不停歇地前進，而疲憊的自己，早已遠遠追不上。

下班了，她逆著車流回家，在早餐店買了遲來的「宵夜」。這是多數人一天的開始，但她不確定這算是她一天的終點，或僅是短暫喘息的縫隙。

回到空無一人的家，她下意識地打開冰箱，確認孩子有帶走早餐，然後一張張撕去昨夜貼上的紙條。接著坐在餐桌旁吃了點東西，收拾好一大兩小遺留的殘跡，把散在地上的髒衣服放進洗衣籃，彷彿可以看見他們慌亂出門的樣子。

最後她終於能回到房間，拉緊窗簾，開了燈，在虛構的夜晚裡躺上床。打開手機看了看未讀的訊息，一些早安問候總會莫名地激起她虛弱的厭惡。

她深吸一口氣，捏了捏自己痠痛的肩膀，將手機設好鬧鐘放在身旁，熄燈，鑽入短暫被世界遺忘的黑暗裡，然而，聲響與微光斷斷續續地侵擾她的睡夢，她彷彿睡了很久，如漫長的爬坡費力而沉重。

隱隱約約間，聽見了手機鈴響……

鈴聲是從房外傳來的，她起身開了燈，開始尋找手機。

走過餐桌，怎麼又恢復了凌亂？她踩到孩子脫下的睡褲，看到女兒沒穿上的新襪子。鈴聲從廚房傳來，蟑螂從腳邊竄過令她尖叫了一聲，昨夜的垃圾竟忘了倒，果蠅在酸腐的氣味中縈繞。

她摀著鼻靜靜聽，突然閃過一個念頭……打開冰箱，瞬間，鈴聲跟著一陣冷流洶湧地襲來，手機竟躺在早餐的三明治上劇烈地顫抖！

她全身發寒，這時才從睡夢中驚醒。

手機的確在響，螢幕顯示是兒子的導師打來的，她趕緊坐起來並按下通話。

「銘峻的媽媽嗎？抱歉，打擾你休息了，我是曉微老師。」

「啊！曉薇老師，不會不會，我剛好起來了。」

打開燈，牆上的時鐘指著下午一點。

老師有點遲疑地說：「辛苦了，嗯……我想這件事情還是要盡快告訴您比較好……」

「嗯，老師請說。」她的心撲通撲通地跳。打架？受傷？生病？從樹上摔下來？還是被闖入學校的人攻擊？各種災難的畫面在她的腦中浮現。沒事的，一定沒事的，只是小小的麻煩而已，窗外依然是一片祥和的陽光。

「媽媽先別擔心，是這樣的，銘峻今天要繳畢旅的費用……」

「我有提醒他欸！他忘記帶去了嗎？」

「啊，不是的，媽媽聽我慢慢說。」

「喔，不好意思。」她在心裡安慰自己，不是意外就好。

「銘峻今天早上沒繳畢業旅行的錢，他說他忘記帶了，後來同學偷偷告訴我，銘峻其實有帶，但他抽了裡面的錢去訂麥當勞，我還奇怪怎麼沒聽媽媽說今天要送麥當勞過來。」

「啊？」她輕叫一聲，不知該怎麼反應。

「我趁午休時間找他來問，他才說因為每天都被同學嘲笑早上只有冰麵包可以吃，今天就偷拿畢業旅行的錢假裝你買麥當勞給他。」

不是意外，卻是她心中巨大的意外。

老師繼續說：「我問他那錢怎麼辦，他說他也不知道，一時受不了同學嘲笑：『你的媽媽是冰箱啊？』他很生氣，就沒想那麼多了。銘峻很後悔，一直哭著拜託我不要告訴你。我對他說：『因為這是重要的事情，老師和爸爸、媽媽都很關心你，所以我還是得講，但我會好好把你的委屈跟媽媽說的。』」

「……嗯……謝謝老師……」她勉強擠出這句話，同時想起了剛剛的噩夢。

「冰箱媽媽」，呵呵，其實也沒有錯啊！只是，只是……她傷心、愧疚又憤怒，在心中嘲笑、厭惡自己，卻也可憐起自己。

她沒能保護好自己的孩子。沒有時間，沒有筋疲力盡後的餘溫，她交出去的心也冰在冰箱裡，來不及在陽光裡解凍去溫暖自己的孩子。

再也睡不著了，她失神地坐在床上想著：「該怎麼跟孩子談這件事呢？」

她失望嗎？那是對孩子，還是對自己？要跟先生說嗎？最近他被工作壓得喘不過氣，孩子只會討來一頓毒打吧！

她開始整理家裡，但無心思索如何準備晚餐。打開冰箱，還有蛋和昨天買的滷牛腱、牛蒡絲與豆腐。孩子們的早餐三明治不在冰箱裡，廚房沒有蟑螂，垃圾桶只有自己睡前丟的塑膠袋——那真的只是噩夢啊！多希望老師那通電話也只是噩夢的一部分。

上網打了幾個關鍵字：「說謊」、「偷錢」、「犯錯」，希望能查到有用的資訊，幫助她面對突然變得如此陌生的孩子，但資訊淹沒了她，反而讓她更分不清方向。說謊、偷錢的孩子很多，**但她總覺得自己的孩子「不一樣」，他是犯了錯，但又似乎沒有錯**。

無助的她決定直接發文詢問，一下子，回應的訊息便如浪湧來，有安慰、祝福和指責，也有長篇大論的訓話。許多人轉貼專家的親子溝通文章，不少人建議她跟老師討論，也有一些人推薦書籍或繪本。

〈犯錯不只是犯錯〉、〈孩子為什麼要說謊〉、〈偷竊的背後是需求〉……她無法靜下心來，只能勉強看幾篇簡短的文章，故事裡的父母都好溫柔、理智，總能耐心地傾聽並引導孩子，當孩子情緒混亂的時候，伴他沉澱，思緒卡死的時候，助他轉彎。而那些傷心、憤怒或頑抗的孩子，也總能奇蹟似地獲得撫慰、力量、成長與愛。

這些離她好遙遠，她做不到，沒有時間，沒有智慧，也沒有信心。

她現在只覺得自己不夠好，是個失敗的母親，就像那些尖銳的留言所說：「沒有壞孩子，只有不夠好的父母。」

她終於疲倦地流下淚來，深深被刺痛卻無力反駁，委屈卻又自責。但她沒有時間繼續自怨自憐，洗了把臉，將冰箱的食物擺上盤：皮蛋豆腐、牛蒡絲，將滷牛腱放入電鍋蒸熱，然後煮了味噌豆腐湯。

她很依賴、也很感謝冰箱，從小，她的母親也是如此。只是她未曾想過自己是一個「冰箱媽媽」。

她提早出門去學校，猶豫了一陣，半路還是在麵包店買了孩子的早餐。將缺額補交給老師時，匆匆談了幾句。

「他是個好孩子，您再好好跟他說吧！」會談終了，老師也只能如此安慰。

「好，不好意思，麻煩老師了。」她拚命點頭，好似在為自己的無能道歉。

女兒跑出校門，兒子低著頭在後頭緩緩走著。三個人上了車，擠成一座山，她在心中反覆練習了一些說法，但終究還是沒說出口。

時間催促著腳步，她和兒子都假裝一切如常，因為也沒空多說些什麼。要出門上班前，先生還沒回家，她沒什麼要交代的，只在冰箱上留下一張字條：

早餐除了三明治，還有蛋糕喔！

雖然依舊是冰的，但希望他們吃下肚時，能感受到多一些。

在工廠坐她隔壁的是年紀輕輕就嫁來台灣的阿珠，故事跟許多姊妹相似：前夫酗酒、家暴，她被打到流產和骨折，離了婚，獨自撫養兩個上國中的孩子。長長的疤痕藏在阿珠的長裙底下，如果不說，粉妝暈紅的臉上看不出生命的滄桑與裂痕。但摸她的手就知道。

阿珠總是談笑般聊著過往的苦痛，只有抱怨起手的粗糙、乾燥時，才會皺起眉頭。

「哎呀！結婚太可怕了，但如果誰能幫我找到有用的護手霜，我就願意再嫁，呵呵呵！」

休息時，阿珠看出她心神不寧，抓著她的手問：「姊姊，你怎麼了？交男朋友啦？怎麼看起來比平常更累啊！」

她告訴阿珠她的煩憂，雖然自己年紀較大，但身為一個母親，她所經歷的遠遠不及阿珠。

阿珠靜靜聽完，用散發香氣的粗厚掌心撫著她的手說：「當初我是靠孩子活下來的，光是活下來，就是一件很辛苦的事了！姊姊，我才不管我是什麼媽媽，因為現在我知道我是靠自己活下來的，**只有活下來的母親，才有辦法繼續當母親**，我們問心無愧！」

她忍不住流下淚來。是嗎？她還沒有阿珠苦，有資格這樣說嗎？

「你放心，你兒女會懂的，有空慢慢聽，他們就會慢慢說，我家的也是這樣。」

休息時間到了，她們慢慢走回產線，阿珠戴上手套，藏起鑲滿水鑽的彩繪指甲，嘴裡碎唸著：「真是莫名其妙，誰家的媽媽不用冰箱啊！」

走出工廠，陽光亮得有些不真實，她突然有點害怕回家。在超商喝了一小杯咖啡，等十點開門，她踏入了工作之後幾乎未再走進的書店，沒有目標，只有心裡的空缺，還是得找些什麼來填補。

架上擺滿了關於教養的書：德國、法國、北歐；醫師、老師、心理師、藝人、名人；注意力、情緒、發展、大腦、品格、愛……以前也是這樣嗎？教養世界像一夕之間遮蔽天空的無邊森林，而她找得到內心空缺的那部分，與回家的路嗎？

她在書牆圍成的迷宮裡打轉，看著書封上不同爸媽與孩子的臉，沒有一張是跟自己一樣的。

「大夜班的冰箱媽媽」，她需要這樣的一本書。

最後她被一本封面是孩子彩色塗鴉的小書吸引，她在自家牆壁上見過那樣的塗鴉，然後臭罵了孩子一頓。河合隼雄的《孩子與惡》，作者看起來是日本有名的心理學家，而吸引她的不知是那歪七扭八的塗鴉，還是封面上書名暗紅色的「惡」字。

她從目錄快速翻到了「偷盜」的章節，看不懂裡頭許多深奧的比喻與故事，但〈想要的東西是什麼？〉裡那個偷文具女孩的母親心情，她卻深刻明白。

「身為母親，接下來該怎麼做才好？她失去了方寸。雖然當下溫柔地對待孩子是好的，但是如果自己代替孩子到文具店去道歉，以管教來說，未免過於寵溺。但是，教孩子一個人自己去道歉，對小學二年級生來說，壓力也太沉重了。話雖如此，那麼自己好不容易長久以來嚴格的管教，又算什麼？」

她沒有找到答案，反而帶著新的疑惑離開：**那，孩子想要的東西是什麼呢？**

她臨時撥了電話，約好到學校找老師聊聊。

「媽媽怎麼有空？」老師看著疲憊的她問。

「反正睡不著，想想平常也抽不出時間，乾脆現在來找老師好了。」她苦笑著說。

「嗯嗯，一定還是很煩心吧？」

「是啊……」她忍不住長長嘆了一口氣。

「跟銘峻談了嗎？」老師問。

「還沒……老師，我不是專家，實在不知道從何談起啊！」

「我們也都不是專家，只是比較有經驗而已。而且，媽媽你是最關心銘峻的人，也是銘峻最在乎的人啊。」

「是嗎？」她不確定。冰箱上的留言算是關心嗎？而孩子的錯，是出於在乎嗎？

她跟老師談起《孩子與惡》這本書，以及自己無助又矛盾的心情，還有不停迴繞心頭的疑惑：孩子想要的究竟是什麼呢？

老師沉默了一會兒。「早上銘峻有特別來跟我說對不起，我問他和媽媽談了沒，他也說他還不知道怎麼跟你說。我想，這孩子沒特別要什麼，他只是想保護媽媽而已。同學的嘲笑讓他很生氣，他說，他知道你很忙，很辛苦，但無論如何，你都不會漏掉他和妹妹的事情，每天打開冰箱，一定有他需要的東西。所以，他才忍不住想讓同學閉嘴。」

「是嗎？」她的眼睛泛紅。「我一直在想，那孩子想要的是不是我沒有的、永遠無法給的，我只是讓他被人嘲笑，讓他覺得丟臉，所以他決定什麼都不再告訴我。他長大了，可以自己去找……他要的東西了。」她哽咽著說完。

她以為自己所給的都是冰冷的，她是個看不見孩子的需要，也不被他們需要的母親，因此，她被拋棄了，連同那冰冷的早餐，被孩子用謊言抹去了。

孩子是要保護她，還是保護自己呢？如果她保護不了孩子，那麼她應該感到高興吧，至少她的孩子懂得保護自己。

老師抽出面紙遞給她。「人的心思是很複雜的，許多時候，我們大人也搞不清楚自己在想什麼啊，更何況是孩子。或許，他對你真的有很多矛盾的想法，生氣的、覺得丟臉的或想要報復的等等，但我可以確定他也真心想要保護你，還有感到愧疚。**如果心裡頭善良的那一部分能被你發現**，他一定會很開心的。」

她接下面紙，但怎麼樣都擦不乾眼淚。

回到家，已疲憊得無法再做多餘的事。

她繞過冰箱，將衣服丟入洗衣機，餐桌意外地很乾淨，而家，還是一如以往地空蕩。

她猶豫了一下，還是打開了冰箱，早餐不在了。關上門，準備將昨晚留的便條紙撕下時，卻發現門上多了一張便條紙，上頭是兒子工整的字跡：

媽媽，謝謝你，蛋糕看起來很好吃喔！

銘峻

下排則是女兒有些俏皮的歪斜筆跡，最後還畫了一個流口水的愛心。

謝謝你，媽咪。明天也可以有蛋糕嗎？

可芯

好不容易乾了的臉龐又流下淚來，她覺得既開心又驕傲，身為母親的她被孩子保護了啊！這一刻，心裡的空缺被填滿了。

她找回了孩子，也找回了自己。

無論媒體如何革新，大眾總是強烈地渴求教養的資訊：雜誌、書籍、部落格、臉書粉絲頁、講座、論壇、直播……紛亂的訊息迅速地大量襲來，教養之路不再是筆直的，家長的方向感不再能倚靠直覺。

什麼是「愛」，你不再有信心說得出口。

我們害怕自己不夠細膩、不夠溫暖、不夠完美，總認為自己扮演的鏡子不夠明澈，守護的堡壘不夠安全，給予的回應不夠包容與及時，付出的愛不夠無私、無瑕。

於是，教養成為嚴苛的專業，焦慮的父母們成了資訊的俘虜，困在龐雜的迷宮裡，茫然無措。過多的指引沒有讓你更靠近孩子，反而令人更加焦慮、無助，像被數個指揮同時拉扯的樂團，忙著跟隨，也跟著混亂，最終無法聆聽，也發不出聲音。

在迷宮裡，你找不到孩子，最後也找不到自己。

這些渴求來自焦慮，而焦慮出於未知，就如黃哲斌在《父親這回事——我們的迷惘與驚奇》中所寫的：「你給了他生命，卻無法預知他的運命。」

的確，生命與成長是未知的，在那一刻到來之前，我們很難確知自己會成為怎樣的父母，而孩子將擁有怎樣的靈魂，但我們試圖用有限的已知去預測一切，去耕耘、埋下種子並修剪自己、改變陪伴的光影，將自己的髒汙反覆地清洗、消毒，讓孩子擁抱無菌，毫無犯錯致病的可能。

父母是土壤、水，也是陽光，但他們必須把沉重、潮濕、灼熱與陰影都留給自己——父母的擁抱必須溫暖而不令人窒息，靠近陪伴卻不壓迫，目光給予希望，但沒有欲望。身為父母要能被依靠，但不被依賴，對孩子要支持、傾聽、尊重、信任，然後放手。

他們要讓孩子擁有父母，但自己不能占有孩子。他們無法掌控未知，但得承擔未知。如此，怎能不焦慮，怎能不害怕？害怕不完美的自己無法成為完美的父母，害怕自己不夠愛、不懂愛，沒有資格去愛！

其實，任何人都渴望自己的歉疚能被包容，良善能被看見，也期待自己的索求能被包容，而給予能被看見。孩子是如此，父母也是。

「對不起」是索求，「謝謝」是給予。

彼此都看見了愛。

油漆

「罪惡感」或許源於愛，卻不是愛

不能愛，也不能恨，他只能以虧欠安撫憤怒，用自責舔舐寂寞，罪惡感像是埋在他內心深處的鏽，儘管塗上再厚、再亮的漆，卻從未停止侵蝕。

選擇破碎的婚姻，還是破碎的情感？

離婚永遠是個選項，但不該是貿然的選擇，而是在安頓自身情緒的前提下，努力為維繫而付出後，你永遠擁有權利的選項。

孩子不該被犧牲，但犧牲自己並不能保護孩子。表面完整的家並不等於完整的愛與照顧，同樣地，也不等於婚姻裡完整的你。

瘦黑的臉上有幾滴濺灑的白漆，蒙了塵垢而顯得灰黯。肌肉的線條銳利，但彷彿沒了力量，手臂上的肌肉亦是，僅僅虛弱地垂著，裹著汗與油汙，承受了炙熱、苦痛與疲倦，但總想像不出那雙手展現力量的樣子。那手，乾乾扁扁地，跟他的自信一般怎麼樣都膨脹不了。

他低著頭坐下來，輕薄的白汗衫繽紛得如一幅抽象畫，沾染著現實。

他的專業是在牆上作畫，以刷子和滾輪沾上油漆，層層疊疊地來回畫一面牆。儘管工作內容單調，但上漆的厚度、濃度，刷子的起落、滑動及牆面的刷痕、油漆凝結的突起……總還是有美醜粗細之分。

在素色的牆上，濕度、溫度、陽光和風都被畫了進去，但這是一幅極其現實的抽象畫，以尺寸與油漆計價，明明沒有一幅是相同的，你卻看不出差別。就像他們這些油漆工一樣，沒人看得出他們有哪裡不同，報價單上只寫著油漆，沒有名字，只有他們知道哪面牆是自己一抹一抹畫出來的。

但那又怎樣？大家一看見他就知道這是個刷油漆的，也只是個刷油漆的——臉上、頭髮、衣服和鞋子上，甚至是瞳孔裡，沒有名字，只有洗不掉的油漆。

一輩子，只有洗不掉跟刷不完的油漆。

「你一輩子就只有這樣，我不想把我的一輩子也賠進去！」

前妻離開前這樣對他說，他沒有否認，因為連他自己也這麼認為。

離婚時，前妻已有了新的戀情，他怨，但不恨。前妻割了雙眼皮，閃爍的睫毛底下泛著淚，緞面洋裝剪裁得時尚而性感，黏貼細鑽的手指顫抖地拿著一只黑亮的真皮包，他看不懂那英文牌子，也看不懂前妻，只知那些高級的東西與承諾不是自己給得起的。

他怨自己，但沒資格恨眼前這陌生而遙遠，正重新綻放的前妻。他縮著身子，怕油漆弄髒了前妻的新衣與新人生。

有資格恨的是前妻，是他讓她提早枯萎，給了她痛苦與絕望，如今，她只是將一切歸還給他。

「我不會再為你哭了。」前妻倒吸了一口氣，終究沒流下淚來。

的確，她已為這段關係流乾了眼淚，曾經會痛的心已死，她得徹底離開這充滿油漆味道的屋子，才能呼吸到自己的空氣，聞到自己的芬芳。

他是在當兵時認識前妻的，當初未滿二十歲的她在軍港外的軍品店幫忙，而剛滿二十歲的他每一靠港，就急著找理由到店裡找她。

「又要買新衣服？」

「對啊！沒辦法，又沾到油漆了，洗不掉。」

久了，彼此心裡有數，他假裝無奈，而她也假裝無知地笑。

「又要出海了，這髒衣服你就幫我處理吧！」

這些沾染油漆氣味的衣服像試探一般，一開始，她勉為其難地收下，後來那成了信物，跟愛情一樣。

他開始在衣服上以油漆留字，最初只是寫著密語般的碼頭、日期、海里數，後來成了問句，而女孩總會在下次見面時，將答案塞在新衣服裡。

退伍前最後一次出海之前，他告白了，然後心跟著船在浪裡忐忑，許久沒暈船的他那次竟吐了。他在衣服上寫的不只是問句，還有承諾：

我會為你漆上彩虹，陪我一起看好嗎？

二十出頭的承諾像彩虹一樣迷人，但只停留在青春裡。雨會停，彩虹也會散，**只是雨總會再下，彩虹卻不一定會再停留。**

潮濕給人生帶來的終究是不斷的鏽蝕，即使抹上了層層油漆，總有一天，底下的空洞還是會將人生穿透。

他上了岸之後，女孩不顧家人反對和他同居，以為愛情從此靠了灣，卻不知愛人的心仍在漂泊。

同梯的家裡做土水，他跟著從油漆學徒做起，工錢現領現花，如海一般源源不絕。他的牆刷得平整而快，顏色也調得精準均勻，憑著一些天賦跟個性的豪闊，很快就當上了師傅，但他在船上學會油漆，也學會了喝酒和賭博，薪資漲了，酒量也隨著快速漲潮。

他帶回的錢跟酒臭都多了，但女孩卻不知道，這個站在高梯子上工作的男人，在外喝的酒多了，沒帶回家的錢也更多了。

女孩懷孕後，兩人熱熱鬧鬧地辦了流水席，他送上閃閃的金飾，炫目的光芒映在岳父母臉上，看不清是哭是笑。他醉了一夜，風光得如一場夢，隔日還是穿著濺滿油漆的工作服，喝口酒，繼續爬上長長的梯子刷油漆。

但天花板就那麼高，不管怎麼爬，他總是爬不出人家的屋頂。

愈爬愈高，大家都稱他「師仔」，酒和油漆的氣味讓他飄飄然，怎麼也想不到自己會有摔落的一天……

朋友開始容不下他的氣焰，到頂的工錢也禁不起他酒後的揮霍。終於，他與那個同梯決裂，換成跟成天巴著他喊「大哥」的朋友鬼混，以為那才叫真心與義氣，才是欣賞他，懂他。其實，他們只是捧他、黏他、灌他、酸他，然後坑他。

沒有合作的工程，工作少了，酒和應酬卻多了，賭博更成了填補時間與情緒空洞的膨脹劑，他的人生不斷崩裂，卻以為一切仍牢不可破，必然能撐過這暫時的風雨。

「大仔，免驚啦！出來才有自己的天空啦！阿無要安怎爬卡高欸？你這種才能是要飛的人，現在沒束縛了，先息一下，飛上去，灣攏靠你吃穿欸！」朋友酒一杯接著一杯幫他倒，但酒錢他付，畢竟他是要飛的人。

他在身上刺了隻眼神凶狠、展翅飛翔的老鷹，名片上也印了一隻銜著油漆刷，在天空刷出一道彩虹的老鷹——「鷹虹油漆」，他說這就叫「英雄」。

然而，儘管他的口碑真的不錯，聽得到的人卻不多，飛愈高，他顯得愈安靜而孤寂。生意終究得靠人脈及地緣，想當老鷹就得自己打獵，就算餓著肚子也得飛。

漸漸地，他生活得愈來愈勉強，身上的錢只夠自己買酒喝。朋友不傻，他也不傻，於是他成了孤鷹，沒錢賭博，只剩酒是他的朋友。

回到家後，他總是醉醺醺吐了一地，妻子開口要錢，他茫然睜大了血紅的眼，嘻皮笑臉地貼著她說：「明天就有了。」

「那今天的呢？又去買酒了！」妻子嫌惡地摀起口鼻。

「不喝酒，明天怎麼賺錢？你懂嗎？我也不願意啊……不喝會死欸！」他撐著眼皮繼續陪笑說。

「那你兒子要吃什麼？」妻子紅了眼眶。

酒意瞬間退了。**他想起了那個需要父親的兒子，卻想不起有多久沒聽見兒子叫爸爸了。**

「孩子睡了嗎？」他搖搖晃晃地走向兒子的房間。

妻子擋在面前將他擠開。「不要吵醒他，你臭死了！你這樣有像當爸爸的樣子嗎？」

還在高處時，他早早上工，晚晚回家，兒子醒來總吵著要找爸爸，於是他常站在長梯上，一邊刷牆，一邊夾著手機陪兒子童言童語。「對啊！爸爸也在畫畫啊，跟你一樣喔！」

跌落後，他晚晚出門，更晚回家。清醒的時間不多，留給兒子的時間更少，幾乎只有兒子哭鬧的時候，他才會煩躁地醒來，對著房外那對孤單的母子怒罵：「透早系欸靠北喔！恁爸死啊呢?!幹！」

某日又被哭聲吵醒，宿醉的他憤怒地推開門，將客廳整箱的玩具踢翻。「幹！毋采錢！系不曉惦惦玩玩具喔！不要玩，全部拿去丟掉啦！」

以前，他每晚都會帶玩具回家，說是畫畫比賽的獎品。

玩具散落一地，哭聲轉為啜泣，接著是憋著氣的沉默，之後，他便鮮少聽見兒子喚爸爸了。

一陣暈眩，他抱著頭靠牆蹲坐下來，再也無力起身。

妻子輕輕嘆了一口氣，他卻聽得一清二楚，這口氣像一陣子風，不是讓他重新飛起，就是讓他伏得更低。

「你兒子要去上幼稚園了，我也決定要出去工作。」

他繼續低頭不語。幼稚園啦？這麼快？

「等不到你的人就算了，連錢也等不到……我不能再等下去了。」

他抬頭看見妻子眼裡的淚，彷彿泛著彩虹。那陣風中，還有最後一點點的溫柔。

他挺直腰站起身來，張開雙手將妻子抱進懷裡。「對不起，你先去工作沒關係，等我——」

「我沒辦法再失望了。」妻子垂著手，顫抖地哭著。

「我知道，是我不好……我過去太失敗了。」

妻子緩緩以雙手圈住他的背，發現他竟變得如此消瘦。「但是……我想跟你過的是未來。」

「我知道，我會先把酒戒掉。」他信誓旦旦地說。

「我不喜歡酒味，我比較喜歡油漆味。」妻子將頭倚在他肩膀上，卻依然無法放鬆。靠著這個只想飛卻站不穩的男人，**她分不清自己心裡的「希望」與「不安」，哪個比較多。**

終於，他再度張開翅膀，像當初為女孩獻上承諾與彩虹那般，也像身上那隻眼神凌厲的老鷹。他以為自己可以再度高飛，飛越與妻子之間，不斷不斷陷落的鴻溝。

風在心裡呼嘯，他重新振作，四處打電話招呼，逢工地拉皮整修，甚至聞到油漆味，就厚著臉皮進去遞菸、請檳榔和送名片。

「多大片我都漆，半夜我也都可以配合，有需要就找我，再拜託了！」他飛得低低地，只希望別再墜落。

「喔喔喔，你的名字我聽過，不過歹勢啦！我們這個都包好了，下次有機會再麻煩你。」對方總是勉強堆起微笑，瞄了一眼名片就塞進口袋，「歹勢，督啊好在改菸。」也都剛好，正在戒菸。

四處碰壁，只有零星的縫隙能稍稍容身，但那點風根本吹不動什麼。沒想到，人與人之間築起的牆竟高到他無力飛越，而諷刺的是，本該賴牆為生的他，如今卻被牆死死地困住。

他只好往外縣市飛去，飛到耳語、閒話吹不到的地方，收起翅膀，乖乖裝成一隻不會飛但吃得飽的雞，住在雞寮般的宿舍裡，勉強掙到了飼料。

但他也重新混起喝酒、賭博的生活。

「交朋友啦！加減要應酬啊！毋要像之前那樣人脈斷了了，錢路也變死路？」他不耐地在電話這頭醉醺醺地說：「我知啦！我會家己節制，你囝仔顧好就好，我就不是囝仔……」

一開始，他打電話回家的次數減少了。漸漸地，妻子打電話來時，他也愈說愈短。「錢有收到就好，你是在懷疑什麼？」

最後，他可以一整個星期都不接電話。

他久久回家一次，總是倒頭就睡，醒來時拉著妻子要親熱，妻子推開他，撇過頭說：「我跟你說過我討厭酒味，這樣我沒辦法。」

「幹！你這樣還有資格懷疑我，我沒懷疑你就很好了。」他拿出牛皮信封裝的現金丟在妻子身上，悻悻然地甩門離開。

一去又是好幾個星期，而愈來愈薄的信封裡，能撐的日子卻愈來愈少。**妻子很清楚，丈夫不會再飛了。**

妻子早有自己的打算，為了上岸，她先下海，毫無悔恨的餘地，她得讓自己活下去，才能救自己跟孩子。

心死之後她才發現，原來「希望」與「不安」可以同時消失。

他開始到處漂泊打零工，像是在遷徙中迷途的老鷹，其實卻只是一隻為了飼料而不斷被轉賣的雞。

賭博令他焦慮，而酒讓他的手顫抖，他再也沒辦法專心作畫，潦潦草草地，只想趕緊將油漆潑上牆，管它勻不勻稱、牢不牢靠，填滿就好，就像那些他不知該如何應付的空虛與失落。收了工錢就換成賭資與酒，盲目地潑灑，同樣填滿就好。

家呢？每次回去，都變得愈來愈遙遠而陌生。

妻子沒說在做什麼，他也沒問，只知道衣櫃裡的衣服都長出了華麗的羽毛，屋裡飄散著濃濃香水味，混著自己的酒臭，令他頭痛欲裂。他再也沒留下牛皮紙袋，因為羞愧得拿不出來，自己已經養不起這個女人，更養不起這個家了。

某次，在桌上看見妻子幫兒子申請的清寒獎助金，讓他更確認妻子已對自己不抱期待，憤怒而孤獨的他，更肆無忌憚地封閉、放棄自己，就像牆角那大片大片無聲剝落的漆。

掏不出錢了，他開始喝起米酒，整天斜躺著看那些牆，放任生活與牆一起崩裂，再也搞不清楚：晃動旋轉的是牆，還是自己？

這個家的牆是兒子出生前，他親自粉刷的——認真地抓漏、防水，再調色，像真的對待一幅畫，一幅驕傲的藝術品。那時仍高飛的他信誓旦旦地向妻子保證，這牆上的漆將比牆裡的磚頭還經得起時間的考驗。

但他高估自己，也輕忽了時間……

傾倒的酒瓶、他、剝落的牆……

前妻看著停滯的這一切，離開了。

洗了把臉，他簽下離婚同意書，什麼都不要，離婚就是要乾脆，不是嗎？孤獨就要徹底，斷離就要乾淨，犯錯就是認錯，翅膀斷了，就別亂揮舞。安安靜靜地顧影自憐，別醒來，多好。

昏沉間，前妻一點一滴將他的心與房子，一同掏空了。

屋子變得很大，日光燈好刺眼，許多兒子小時候的塗鴉從搬離家具後的牆面露了出來。那時候他生氣嗎？打了兒子嗎？還是覺得兒子像畢卡索一樣天才、頑皮又可愛？他不記得了，或許他根本沒看過，孩子的媽總在他回家之前就用家具擋了起來，免得酒醉的他又要衝進兒子房裡發飆。

是嗎？原來他一直不認識這個家，現在這空蕩蕩的樣子，才是吧？

兒子的監護權給了前妻，剛上小學的兒子懵懵懂懂的，以為和媽媽只是為了上學搬家，而消失的父親是到更遠的地方工作。

約好了每週一天他到安親班接兒子下課，一起吃晚餐，但他遲到了好幾次，原因還是酒。

「你到底要怎樣！你竟然喝酒來載他，你要死自己去死啦！」前妻憤怒地在電話那頭說，而他醉得連手機都拿不穩。

於是好幾個月，他都沒能見到兒子，也幾乎沒再接到前妻來電。原來沒有他，他們真的可以活得好好的。

某天傍晚，他被手機聲吵醒，來電顯示著妻兒的合照，他顫抖地滑開螢幕接通，耳邊傳來的卻是兒子落寞的聲音。

「爸爸，我趁媽媽洗澡，偷用她的手機打的，我只能講一下下。」

他坐了起來，頭像是被重擊，心跳加速。「嗯嗯，沒關係，欸……吃飽了沒啊？」一時之間，他不知該說什麼。

「我正在吃鍋燒意麵。爸爸，我只是想問你，你去的地方真的很遠嗎？為什麼我這麼久沒看到你啊？」

「啊……真的很久了喔。這裡很遠啊，開車要開很久。」

「那個地方叫什麼名字啊？我們學校有一張大地圖，我可以問我們老師。」兒子天真地問。

「你說地名喔，可是這裡是很深山很深山的小地方欸，要像蚊香一樣繞好多個圈圈才會到，地圖上不會有啦！沒關係，我快回去了，真的，你再等我一下喔！」他忍住哽咽，努力用輕鬆的語氣說。

「哈哈，蚊香喔！好，媽媽要出來了，我要掛了。爸爸，不要太久喔，拜拜！」兒子笑著道別。

「拜拜，拜拜。」他掛斷電話，靠在斑駁的牆上，像一座正在崩塌的山，不斷不斷地顫抖啜泣。

原來，還有人在等他。

出現在診間的他像隻掉光了羽毛又淋濕的鳥，瘦弱無力，不住地顫抖。他斷然停了酒，於是被風暴般的酒精戒斷襲擊，意志力雖然讓他勉強維持清醒，卻撐不住這殘破的身體。

我向他解釋，戒酒是對的，但方法卻是錯的。酒精戒斷就像將溺水的人一下子丟到沙漠中，他依然在生命危險之中，只是從一個盡頭掉到另一個盡頭。

轉介安排他住院後，過了好一段時間，他才又出現在我面前。度過了戒斷的危險期，瘦黑但不再虛弱的他眼神有了光芒，身上的酒味也變成了油漆味。

持續戒酒，回到工作，也不再以賭博填補空虛。雖沒過去飛得那樣高而氣勢昂揚，但至少，風流動了。

「我終於有臉見我兒子了。」他說。**他的生命暫時有了目標，而這正是面對空虛最有力量的方式。**

「前妻呢？她怎麼說？」我問。我知道那避而不談的，往往也是心中最難擺脫的。

「我住院時，她有來看我。我欠了她很多，但那已經不是我還得起的了。最少……她知道我現在真的戒酒了，也答應恢復我和兒子的晚餐約定。」

他的聲音裡仍有顫抖，但那是情緒的顫抖，而不是酒精的。

我為他開了情緒與睡眠的藥。他仍需療傷，甚至可能是一輩子的傷與痛，但至少他暫時停止用酒精止痛，以自棄傷害自己。

我想起挪威作家佩爾．派特森（Per Petterson）的小說《長夜將盡》，那是一個充滿寒冷冰雪的故事，關於失去父親與失去自己身為父親角色的故事。父親因船難離世後，主角歷經了婚變、失去監護權、失業與酗酒，一層一層，彷彿雪覆蓋在他蒼白的身上，哀傷凍結，卻永無止境。但長夜將盡，溫暖偶然地出現在燈火、擁抱與眼淚裡，讓他內心的哀傷重新流動，喚醒了什麼。

小說裡，主角漫無目的地駕著車，卻下意識地開到了女兒的學校門口。他不在乎約定，卻無法不在乎自己的哀傷。女兒發現了他的車，與他祕密共聚了短短一個小時。女兒邊吃著鬆餅，邊流淚問他：「為什麼我們不常看到你？」

「這很難解釋。」他說：「可是以後就會改變了。」

將女兒送回家門口前，父女倆在濃霧包圍的車裡，有著一段溫暖又哀傷的對話。

「『你還需要開燈睡覺嗎？』我問。

「『不必了，我長大了。』

「『很好。』我說。但我心裡卻不這麼想，聽起來可能很好笑，但我不希望自己無法看著她長大，我想要她等著我，可是我沒辦法告訴她。」

然後，主角駕著車，獨自回到濃霧裡。

他從酒海裡上了岸，但長夜未盡，罪惡感成了他心中的陰影，把夜晚拉得更黑，卻也更清晰。

他消極地閃避前妻，避免干擾她的生活與想像裡她對他的嫌惡；另一方面則積極地寵愛兒子，時間、金錢與愛，所有的一切他都願意毫無保留地給。兒子是等待並呼喚他回家的港，如今他的心像纜繩緊緊拴著，一點都不敢離開，並將所有的漁獲都奉獻給他。

「我也不知道，活著不就是為了他嗎？如果不是孩子，我現在也不會還活著吧！」

他知道自己是在彌補，過度地犧牲自我。雖然隱隱感到不安，但在不安中卻有期待，只是這些期待也帶來了更多不安——他期待著被原諒、能陪伴孩子更長的時間，甚至期待著被愛，被孩子長大後的力量擁抱、陪伴。

「你兒子……不愛你嗎？」我問。

「我不確定。」

除非過去的事未曾發生，不然，他永遠無法確定。

酒醒之後，他將自己的醜陋看得一清二楚，他不確定當初還小的兒子記得什麼，但他想起的盡是種種不堪與懊悔。

前妻似乎愈來愈忙碌，於是他也有了更多贖罪的機會。他帶兒子逛遊樂園，買昂貴的玩具，吃豪華的餐廳，這些都不是兒子主動要求的，但正因孩子沒有特別開口索求什麼，他的不安反而漫無目標地擴散開來：兒子滿足嗎？他給的足夠嗎？那些缺席的日子該換成什麼來計算呢？

「你今天玩得開心嗎？」他總是反覆問著回到身邊的兒子。

「很開心啊，我每天都很開心啊！」兒子長大了，開始拔高，身子因游泳而晒得黝黑，長出了肌肉，跟他一樣瘦而結實。

「還有沒有想要買什麼？」

「沒有，已經太多了。爸，我們下星期游泳校隊要選拔了欸。」

「是喔，那你有需要什麼嗎？蛙鏡還是……？」不知不覺地，他又問起類似的問題。

「不是啦！你改天來看我游泳，好不好？我現在只剩下蝶式還沒練好，但我自由式是全校最快的！」兒子驕傲而滿足地笑著，但他不知道那是因為游泳，還是因為他這個父親。

罪惡感像是埋在他內心深處的鏽，儘管塗上再厚、再亮的漆，卻從未停止侵蝕。他只能不斷補償，卻無法挽回什麼。

某日，前妻在他送回兒子後來了電話。

「今天謝謝你，你兒子說他很開心。」

「不會，這應該的。」兩人維持著一種客套的距離說話，以禮貌將情緒隱藏起來，彷彿如此才不會將過去翻攪開來。

「唉！」一陣遲疑後，前妻嘆了口氣。「我知道你是想好好補償他，但可以請你不要再買東西給他了嗎？那些東西太貴了，又用不上，我不希望我兒子的價值觀扭曲。」

「我只是……」他忍不住想要插話。

「你只是怎樣我不曉得，那些也都是你辛苦賺來的，你好好陪他就好，你欠他的只有這個！」前妻的語氣變得強硬。

「嗯。」他不再反駁，也不敢反駁。

「還有一件事，我想還是要告訴你比較好。我打算結婚了，就是你知道的那人，他陪我們很久了，他對你兒子很好，兒子也很喜歡他。」

他毫無心理準備，不知該說什麼，一陣沉默後才開口問：「什麼時候？」

「下個月吧！我懷孕了，我考慮了很久，我不是隨便的人，他也不是。請你放心，我都跟兒子說過了。」

「嗯嗯……等時間確定再通知我吧！如果你忙，需要幫忙我都行。」

「謝謝，我知道你改變了很多，真的謝謝你。我該走出來，過自己的人生了。如果可以，我也希望你能想想你自己。」

前妻掛斷了電話。

他想了想，卻不知該從何想起。

「她有她的人生。那我呢？兒子呢？她怎麼可以這麼……自私……」說到最後，一開始的氣憤突然變得微弱，他有些心虛，彷彿不小心洩漏了那些心裡不該有的真實聲音。

其實，他對前妻的情感一直是矛盾的，而那些矛盾全塞進了兒子手中：昂貴的玩具，像是在跟前妻競爭誰對兒子付出了更多的愛與責任，另一方面卻又像是轉贈給前妻的禮物，藉由兒子的手轉交給她更多的彌補與道歉。

不能愛，也不能恨，只能以虧欠安撫憤怒，用自責舔舐寂寞，於是前妻的拋棄、冷漠與殘忍都是應該的，都是自己應得的報應。

但再矛盾的情感，終究是情感，前妻可以離去，卻不能投入別人的懷抱，他像是被二度拋棄，找不到歸宿的愛終於變成了恨，再多的罪惡感也壓抑不了。他變本加厲，繼續揮霍著金錢，揮霍他自己的人生。既然她決定徹底離去，那憑什麼管我怎麼花錢？管我怎麼彌補我的兒子！

「對！離婚是我造成的，但我沒有不要這個兒子！」突然，他掩面哭了起來。「我不知道會變成這樣，我不希望我兒子……跟我一樣……」

……**跟他一樣，覺得被拋棄了**。

離婚是否意味著「拋棄」——夫妻彼此間的拋棄，孩子的被拋棄，責任與幸福無法挽回的拋棄？

那麼，不幸福的婚姻勉強維持下去就是負責？就能帶來幸福嗎？

若是已努力過了，或真的已來不及努力了呢？

我想起了日本電影《親愛的外人》：男主角離了婚，與曾遭受家暴、帶著兩個女兒的單親媽媽再婚；他的前妻也有了另一段婚姻。親生女兒雖然跟前妻生活，但仍與他感情親密，固定時間見面。他仍是父親，而且成了兩個家庭的父親。

但是新家庭的大女兒開始因這種重疊而模糊的關係，有了嫉妒與不安。她不確定，這個新的父親是否能夠像愛親生女兒一樣愛自己。

新的家庭就像重新粉刷的牆，我們很難確定在光滑的表面底下，有什麼在偷偷滲漏著。

當男主角再婚的妻子懷孕後，所有隱藏的不安都隨著某種背棄的想像，在這些複雜的關係裡頭流竄、蔓延——父親與母親將有他們真正的「自己的」孩子。真正的新家庭，牆會再度重新粉刷，漆上他們喜愛的顏色。而我們將不再屬於他們的家庭，再也分享不到他們的愛，我們是多餘的、累贅的，只是他們過去不小心擁有過的孩子。如今，我們只是外人，即將被新的幸福的油漆徹底抹去……

於是，繼女將他鎖在門外，跟著前妻的女兒也因此接納了繼父在心中的位置。

他即將要擁有一段更完整的關係，卻失去了兩段原有的關係，成了「親愛的外人」。**但或許那不是失去，而是原先的不安重新穩定了，這些關係被重新理解、定義，然後接納。**

親愛的外人，仍是親愛的。

彼此都是。

雖是電影，卻比真實的人生還真實，複雜的情感亦是。

我眼前的男人，當前妻要再婚時才感受到離婚的真實。這個當初不顧一切放棄自己的人，心懷罪惡感而假裝自己不需悲憫的男人，終於開始憤怒、哀傷。

所以，他還是有所在乎的，憤怒是火，哀傷是雨。只是我得提醒他**那把火照亮的是未來，而不是身後的黑暗，他要用雨灌溉前方的土地，而不是已經荒蕪的過去。**

「雖然不是什麼大道裡，**但你要做的是『負責』，而不是自責。**你自責夠久了。沒有人希望離婚，但既然已經離婚了，問題就不是誰的錯。你該放手了，但那不是放棄，而是把手空出來……」

空出來，才能抓住新的人生中占有重量、值得倚靠的一切，穩住重新開始的自己。重新開始了，就別再重複相同的悔恨與遺憾，既然深刻地痛過，就試著改變吧，而不是永無止境地舔舐傷口。這就是「負責」與「自責」的差別吧。

「放手跟放棄有什麼不一樣？我前妻那樣，是放手還是放棄?!」他依然憤怒地說。

「你感覺被放棄了，是啊！但我們能做的是放手，為自己放手。**『放棄』是在仍該努力時卻捨棄了，停下來了。『放手』不一樣，是看清哪些已經無法改變，將它們放下，不再綁在身上。**」

放下沉重的過去，才有力量去牽住未來。

他看著自己濺滿油漆的雙手，沉默不語。洗不乾淨的這雙手能抓住什麼呢？

「你兒子是怎麼想的呢？或許，他有他自己的想法。」

孩子總在長大，我們永遠抓不住，只能奢望輕輕牽住。

《親愛的外人》末尾，不安的繼女在一連串矛盾的掙扎與排拒後，悲傷地哭了。男主角拍了拍她顫抖的肩膀，將她輕輕擁入懷裡。孩子依靠在父親身上，暫時安心地哭了。

這是多麼複雜而難以言喻的感受。孩子並沒有忘記愛，只是一度不知該如何留著它，而最後，似乎找到了接納與安放的位置。

出於失落與罪惡感，他喝了些酒，但隨即停了。「我很沒用，忍不住……但我知道我不應該……我其實很怕會再失去……」他懺悔地說。

診間像是告解室，但這裡沒有神，他並未因此洗淨罪惡，換取真正的重生與力量。他總是背著十字架離開，再回來，不願放下。

有一回，他又談到游泳的事。

那個相聚的週末，兒子問他：「爸，可以陪我去游泳嗎？」

「你自己去就好啦，我載你去。」

「你不跟我一起游？」兒子失望地問

「欸……我不會游泳。」說謊的時候，他總是撇開頭。

「真的？你不是說你是海軍的？」

「喔，我有說過喔？」是嗎？兒子不會說謊，但許多真實的事情他都不想想起。

「對啊！你還說船都開到外海把你們丟下去學游泳，還有——」

兒子期待地繼續說，他有些急躁地打斷了兒子的話。

「我騙你的啦！我是開船的。」

「是喔？那你為什麼要騙我？」兒子落寞地問。

「可能喝醉了吧。」他直視前方，將車開入餐廳停車場。車子停了下來，他們的對話也停了下來。

談到酒，兒子體貼地不再追問，那是因彼此都害怕再次分離而形成的默契。

醒著的時候，他才會說謊。他會游泳的，只是他想躲回船上，縮入自己的罪惡感中。他不敢赤裸裸地跳入大海，重回直視的陽光裡，因為那些真實的過去依然烙印在他身上，像髒汙的油漆般洗不淨也刷不掉。

他不想讓兒子看見自己身上那隻蠻橫卻落魄的老鷹。

然而，以罪惡感來處理失落，只會讓自己繼續逗留在失落的中心。

害怕兒子失望，孩子反而更失望。他總是背著滿滿的罪惡感活著，像活在過去裡，看不見眼前兒子反覆告訴他的期待。

許多時候，我會錯以為是兒子在彌補他的罪惡感，而不是他在彌補兒子。

繼續聽他懺悔，只是陪他留在原地。夠久了，他需要一些前進的力量，而我總相信那是他原本就擁有的，就像那些憤怒的火苗，只是得將那力量從罪惡感的灰燼中翻動出來。

「你真正的希望是什麼？你兒子真正需要的是什麼？你想想看，我想，這麼認真愛護兒子的你不會不知道。如果那些不是用錢買得到的，就不要用錢去買吧！」我說：「我感覺得出來，你兒子在乎你。他看見了，也相信你改變了很多。」

「被在乎」是一種力量，當然也是負荷，既可以壓垮，也能夠激起承擔的力量。

但「罪惡感」不會。

罪惡感是一種保護，卻也是一種隱性的自我傷害。一時之間，它彷彿可以讓那些更具攻擊性的情緒軟弱下來，不去憤恨，不去報復。但事實上，那些情緒不會因此消失，它們只是躲在罪惡感裡頭，以被動的姿態攻擊著。**攻擊的對象包括自己。**

你依然不快樂，依然沉浸在失落中，依然被情緒所驅使、囚禁，你所愛的人也感受得出來。如果你希望他們愛你，而他們也真的愛你，他們會毫無顧忌地親近你，因而也踏進你的陰影。

「你還記得以前你們船上除鏽的步驟吧？」我問。

「當然記得啊。」他自信的語氣彷彿我問了一個蠢問題。

「有些人偷懶只做表面，生鏽的地方沒有敲掉、磨乾淨就上底漆。」

「這樣沒效啦，毋久長，外面的漆再厚也一樣，裡面繼續生鏽，一下子就又膨脹撐破，不是外面整塊掉下來，就是裡面已經吃薄、吃穿了還不曉得。」

「是啊，表面的漆再厚、再漂亮也沒有用。」我附和著。

「沒有人願意真正用心照顧那艘船，最後漆愈包愈厚，船愈來愈重，鋼板卻愈來愈薄。外面看起來是新的，但裡面早就破破爛爛。」他哼了一聲，真心瞧不起那些偷懶的人。

「你呢？」我問。

「啥？」他先是疑惑地反問，接著馬上心虛地撇開了頭。

「你生鏽的地方在哪裡？如果沒有身體上那隻老鷹，心就不會破掉了嗎？」

他沉默了一會才開口，「你說得太深奧，我這種沒讀書的聽不懂啦！」但他轉回了頭，沒有逃避。

其實這些也不是什麼道理，更不是讀書就能懂，而是除過鏽的人、刷過油漆的人，以及心破掉過的人，在深刻經歷後才有的感觸。或許他早就懂了，也或許他有別的體悟，但無論如何，我知道他想好好地對待那艘船了。

有安心的大人，才有安心的孩子。孩子總希望大人能陪著他們一起靠岸，期待那艘載著他們前進的船也能安然地入港。

放棄自己，犧牲自己，這真的不是愛，只會同樣讓孩子感到強烈的孤獨與被拋棄。

研究告訴我們，夫妻間的氣氛、衝突是隱晦或外顯，對孩子的影響比分合與否更重要。婚姻是形式上與法律上的，對孩子來說抽象而遙遠，反而沒有比那些時時刻刻環繞著他們，家庭裡無形的互動、情緒及氣氛來得強烈。

疏離或親密？緊繃或和諧？孩子總是處於中間，在父母眼神的交會處、關係的拔河處，以及愛與恨的撞擊處，聽著，看著，感受著。他們很難遠離戰火，不被波及，縱使被隔離、被擱置，他們也總有想像：想像著一切因他們而改變，而他們得試著改變這個令他們悲傷的世界。

許多孩子會誤以為是自己做錯了什麼才使得家庭關係斷裂，害爸爸媽媽的手不再牽在一塊。他們變得不快樂，小小的心靈被罪惡感占據，恨透了自己。

而有些敏感的孩子只是單純地不喜歡這種緊繃、衝突的氣氛，只好表現得討好，變得極度乖巧和獨立，想安撫受傷的父母；或者逃避，變得安靜、疏離，假裝毫不在乎，藏起自己哭泣的眼睛。甚至暴烈一些的孩子會瘋狂地反抗，但那反抗其實是一種無助與絕望，他們不再相信愛，於是選擇憤怒與恨來破壞關係，破壞了對父母的期待，也徹底破壞了父母對自己的期待，讓自己順理成章地成為不被需要的孩子，從關係中被丟棄出來。

孩子成功轉移了父母的注意力，問題從夫妻之間落在孩子的身上，彷彿父母仍是一體，家庭仍存在，只是這個孩子變了，然後問題就會過去。然而事實上，問題會再從孩子身上擴散回夫妻之間，甚至放大，變得更為複雜，因為彼此的關係就是如此緊密地牽動著，情緒來來回回，層層堆疊，問題從來就不僅是在誰身上而已。

像網一樣的牽絆、黏稠的愛、被剝奪而生的恨……剪不斷，理還亂的親情與愛情，纏住了所有的人。

勉強被拼湊起來的家庭，就像互斥的磁鐵被硬綁在一塊，永遠無法平靜地緊密相伴，無聲的風暴在其中流竄，不管再安靜，你和孩子都聽得見。許多人因罪惡感而持續待在風暴裡，或離開了風暴卻仍被罪惡感困住。

「罪惡感」或許源於愛，卻不是愛。孩子可以清楚地感受到罪惡感裡頭的愧疚、焦慮與卑微，因罪惡感而驅使的寵溺或任何補償，也終究無法填補孩子失去依靠的安全感，以及心中的空洞——那個留在他靈魂裡的空洞，來自於無法擁有自信與能量，微笑著散發光芒，溫暖照亮孩子的父母。

罪惡感只會令你被囚困，走不出陰影，無論你是否走出了婚姻。

PART 2
平凡人都有的傷

平凡的人與平凡的愛，
本就有軟弱，有懼怕。

烤地瓜

一個人害怕的感覺，是很孤獨的

回家路上，他跟路邊的老伯買了烤地瓜，那又熱又黏、皺巴巴和凸肚子的樣子像極了自己，但自己的裡面，應該是苦的吧。

甜蜜的負荷，依然是負荷，但也終究甜蜜。

任何的「擁有」都讓人得承擔重量，即便是幸福。幸福與壓力從未是互斥的，也沒有誰必然避得過憂鬱襲擊。

誰說愛裡沒有懼怕？誰又能說懼怕便不是愛？我們擁有且能給予的，原本就是平凡的愛，亦因這樣的平凡，而在艱困的生命裡顯得偉大。

平凡的人、平凡的父母與平凡的愛，本就有軟弱，有懼怕。愛不見得能戰勝一切或克服一切，卻已是讓我們去承擔重量時，最勇敢的力量了。

有時，我們會輸給無法掌握的現實，陷在因愛而失落的哀傷裡頭，然後在相伴之中，緩緩地看見彼此的懼怕，並加以包容。

幸福變得有點皺巴巴，但依然甜蜜。

他只喝了幾杯便趕緊脫身，但血液裡的酒精還是讓身體發燙。走在人行道上，腳步有些輕快，脖子則像被火蛇纏繞般燒灼、緊繃著。這無風的夜晚，他的襯衫都濕透了。

他扯下領帶，鬆開鈕釦，深吸了幾口氣，聞到自己濃濃的酒味。他可以想像自己現在的模樣：漲紅的雙耳與脖子，疲憊又遲鈍的眼神，半透明黏在身上的防皺襯衫，和在街燈下皺成一團的影子。

他的人生也一樣，皺成了一團，怎麼樣也無法攤平，順暢、滑溜地走，只能困在深陷的皺褶裡頭。

其實剛剛什麼都沒吃，肚子還是很餓，跟路邊的老伯買了烤地瓜，那又熱又黏、皺巴巴和凸肚子的樣子像極了自己。

但自己的裡面應該是苦的吧。

他沒停下腳步，拿著地瓜邊走邊吃。因為喝了酒，只好把車留在公司，但他已經提早離場了，回家應該不算遲吧。想到這裡，心撲通撲通地跳，不知是心急，還是走得急了。

摸了摸脖子，那發燙的緊繃感還是沒有消失，跟剛剛總經理拉著他領帶，醉醺醺說的那些話一樣留著。

「才剛來上班，就要下班啦？是有沒有這麼怕老婆啊？」總經理刺鼻的酒氣朝著他的臉撲來。

旁邊的資深同事趕緊出來圓場。「總經裡，他這麼想回家怎麼會怕老婆呢？是愛老婆。怕老婆的是我們，沒喝醉都不敢回去啦！」

「操！」總經理揮了手把他推開。「什麼不敢回家！來這裡才叫回家，你們懂不懂啊！生完孩子就軟成這樣，操！」

在昏暗的混亂裡，他像鬥敗的公雞，低著頭縮起身體悄悄後退，使了眼色向架開總經理的同事表達感激，便匆匆逃離酒館。這攤之前，他就與客戶小喝過了，幸好總經理已經爛醉，不然自己真不知道該怎麼脫身。

只不過，總經理醉是醉了，話說得卻比他還清醒。

到底在怕什麼？心怎麼會跳得這麼快？說不喝，還是喝了。但自己盡力了是吧？該推辭、拒絕和放棄的，他都盡力做了。為了這個家和妻子，也為了小孩，他不是該感到幸福嗎？那他的心，怎麼還會皺巴巴地糾成一團呢？

他坐在路邊的長椅上吃完了地瓜，把紙袋在手裡揉成皺巴巴的。家就在轉角那棟大樓裡，他彷彿已聽見孩子的哭聲，還有妻子若有似無的不耐。但他想多坐一會兒，讓酒氣淡一點，自己也清醒一些，看能不能也把藏在皺巴巴影子裡的情緒看得清楚一點。

對於那懸在半空中的家，他是愛？還是怕？

一年多前，妻子懷孕了。那是他們夫妻倆預期中的喜悅，生命劇烈而奢侈地轉變著，一切都在醞釀成形：升職加薪、買了新房，即將擁有的愈來愈多，宛如城堡般堆疊起來。設想的幸福真的要誕生了啊！他毫無所懼地挺起厚實的肩膀，準備讓幸福棲身。時間輕盈地飛躍，他覺得自己每天都在向幸福靠近，卻沒想像過幸福會有多重。

沒多久，醫生恭喜他們，即將迎接的是雙胞胎。幸福擅自作主，結伴同行，妻子的臉上只有驚訝，沒有驚喜，然後是一種難以解讀的木然表情。那麼他呢？他忙著揣測妻子的心思，沒空打理自己的心，又或者是忙著逃避。

當天晚上，妻子哭了。

「怎麼了嗎？」他憂心地問。

「我怕……」妻子哭著說。

「怕什麼呢？別擔心，我們本來就想要兩個小孩不是嗎？」他試著用一種既堅定又溫柔的語氣安慰。

「可是……這不一樣啊！我怕……」妻子依然止不住眼淚。

「沒事的，我們也是兩個人，我們會一起努力的。」他的聲音變得更輕柔，但少了一絲堅定。加倍的幸福不一定真的加倍。他們擁有的世界很小，房子很小，肚子很小，專注等待的心也還很小，不確定這一刻是否足以容納雙份的幸福。

其實，那便是幸福的代價，任何的擁有都讓人得承擔重量，即便是幸福。

妻子肚子膨大的速度比他們想像的還快，雖然不是兩倍的重量，心裡的負荷卻扎扎實實超越兩倍。擔心孩子的體重太輕，同時又害怕太重，妻子撐起孿生的果實，纖細的腰幾乎要被折斷，而肚皮像餅皮般永遠可以張得更大、更薄，如一張吊床，懸起下墜的雙月。

妻子沉重的步伐與呼吸，讓他也感受到了重量，不僅是雙月，連同妻子，他得將整片天空都扛起。

害怕，沉沉地落了下來。

升職之後，責任加重，應酬增多，他酒醉的夜晚也與妻子哭泣的夜晚一同變長。妻子的身體蓄滿了水，也擠壓出更多水：腫脹的腳與眼和如水球般搖晃的肚子，頻尿、嘔吐，然後是止不住的眼淚。

肚子繼續下墜，子宮內愈來愈不平靜，醫師要求妻子住院安胎，直至生產。

「你可以早點下班嗎？我怕隨時……」妻子被巨大的肚子壓在床上，像浮不出水面的鯨魚。

「我知道，沒事的，我會盡量早點回來的。」他摸著妻子的手說。

但他失約了。

妻子下不了床，而他依然下不了班，每天總至夜深才到病房。妻子看了一眼牆上的鐘，默默別過頭去。

「對不起，我拒絕不了……」他歉疚地說。

「所以你寧願拒絕我。」妻子闔上眼睛，用背影拒絕了他。

他睡得很差，妻子也是，兩人幾乎整夜都沒有交談。岳母一大清早就到醫院接班，讓他先回家盥洗再去上班。鮮少回去的家變得孤獨又陌生，妻子的心也是如此吧？那自己呢？

他不明白，為何兩個人都背負著重量，卻難以想像對方承受的苦痛。在醫院裡動彈不得的妻子，為何不能理解他在公司也動彈不得呢？業績、鬥爭、加班、宿醉、嘲諷與試探，沒人可以保證市場是否會突然緊縮，合約不會突然流產，而上司及客戶的信任與猜疑就像孿生般，一同變大。

期待愈重，恐懼也愈重。擁有的愈多，一旦失去了便愈痛。

「我不是拒絕你，相反地，我很害怕會失去你。」雖然遲到了，但妻子身旁是他最想要回到的地方。

「是嗎？你害怕失去的是工作吧！」妻子咬著牙，冷冷地回應。

他真的沒把握，假如失去了工作，他還能擁有幸福嗎？而他始終不明白的是懷孕到底是什麼感覺，還有妻子為何止不住眼淚？這些，都讓他充滿歉疚。

那晚又是接連的應酬，他搖搖晃晃地走到廁所，單手扶牆才勉強對準小便斗，胃一陣痙攣，衝破了他不斷嚥下的壓抑，他彎身凌亂地吐了一地。肚子仍是脹的，壓迫著混濁的呼吸，他撐在洗手台上漱口、洗臉，但怎麼樣也洗不掉那些充滿罪惡感的味道。世界在鏡子裡旋轉，他看著裡頭那個連自己都撐不住的男人，沒力氣關上水龍頭，以及嘩啦啦的眼淚。

下了計程車，他對著醫院的花壇裡又吐了一陣，走沒幾步就癱坐在牆邊，薄薄的月光在西裝上滑動，他靠著自己的影子，毫無反抗餘力地沉沉睡去。

家好遠，妻子好遠，幸福好遠。

醒來時，他驚覺自己竟然躺在急診的床上，一旁是面露擔憂的岳母。那妻子呢？

匆匆辦了出院，他趕緊衝進產科病房。妻子靜靜地躺在床上，巨大的肚子未因他的消失而有任何變化。

彷彿，他是多餘的。

他站在床邊，不知該說些什麼。公事手機在口袋裡震動，牆上的秒針跟著心跳一同困在漫長的等待裡。

「你說我們有兩個人，為什麼我始終感覺只有我自己一個？」妻子終於開口，而他仍然無法開口回答。

「回不來，就不用回來了，我一個人很好。」妻子閉上眼，淚水在無聲的顫抖中滑落。

口袋裡又傳來震動，他接起手機，轉身步出病房。「對不起，對不起，不是這樣的，真的很抱歉！」

那次爛醉後，他下定決心，如果真的要失去什麼，他寧可失去工作。他避免加班，閃躲應酬，不該他的職責就少碰。妻子需要他，他也需要妻子，他不想再當一個對家庭多餘、回不了家的「陌生人」。

但他依然感到害怕。

孩子安然地出生了，小小、皺皺的，但當他同時抱起兩個時，卻感到雙手無力地顫抖。他慌張地求救，引起了眾人的嘲笑，他苦笑著將寶寶交給岳母接手，瞥見妻子的臉重重垮落，毫無笑容。

那一對小小、皺皺的幸福落上了他們的心頭，脆弱卻沉重，就像妻子的憂鬱。

妻子離開了安胎的病床，卻依然被焦慮及無助壓迫著，恐懼和自責成了痛，恨與憤怒成了哀號。她毫無當媽媽的自信，永無止境地懷著憂鬱，一切的努力更讓她耗盡氣力，只能以眼淚回應孩子的眼淚。

「為什麼他們一直哭？」妻子抱著哥哥，哭著問。

「因為他們還不會說話啊。」岳母在一旁抱著弟弟輕搖安撫。

「為什麼我沒辦法讓他們不哭？我沒辦法……我知道我沒辦法當媽媽……」

「自然就會了，你以前也是一直哭啊！」

「我知道，我只會哭。」

「我不是那個意思啦！哭會傳染，分開就不會一起哭了！」岳母抱著弟弟離開房間，忍不住也偷偷流下眼淚。

哭會傳染，但已不知是誰傳染給誰。他無法讓妻子停止淚泣，即使他自己努力忍著不哭。妻子的憂鬱從產前蔓延至產後，夾雜著憤怒、不安、怨恨與罪惡感，旁人難以撫平，也難以理解，像是漫長的雨季困住了所有人，在每個人的心裡氾濫成災。

醫師說，這是由於荷爾蒙的劇烈變化、敏感的體質、懷孕與生產的特殊經驗、生命的壓力、雙胞胎的重量、自由被剝奪、孤獨，以及所有不明的因素所影響。

聽起來，一切都不明。

他只能盡力從工作裡擠壓出更多時間，陪妻子就醫，伴孩子成長……疲憊的影子又被烏雲覆蓋，變得更黑、更重，他像條不斷擦拭淚水又被使勁扭乾的手巾，被擠壓得皺巴巴的。日復一日，陪伴幾乎等同於等待。除此之外，他們還有什麼能做的嗎？

「你已經做得很好了。」

他這樣安慰妻子，醫師也這樣安慰他。但他仍然想哭，忍不住盯著自己又黑又重的影子，感覺在下沉。

所以，自己也憂鬱了嗎？

步入大樓，警衛喚住了他。「楊先生，有你太太的包裹喔！」

他抱著紙箱，腋下還夾了一件，好不容易才掏出感應磁卡，狼狽地按了電梯。這八成也是給孩子的吧。打從孩子出生後，他們夫妻倆幾乎再也沒買過東西給自己或對方。

明明家裡多了兩個人，但他們仍總是感到孤獨。孩子成為夫妻之間的連結，彷彿卻也是唯一的連結，只有在談論孩子時，他們才能聽見彼此，停下來說話。

幸福因孩子而完整，也因孩子而沉重，而他支撐得起這樣的家嗎？

進了家門，雙人嬰兒車與暫時卸下的安全座椅占據了玄關，屋裡沒有孩子的哭聲，卻靜得令人屏息。客廳只點了夜燈，妻子坐在沙發上沒抬起頭，手機的冷光隨著滑動而閃爍不定。

他依然看不清妻子的表情。

「媽呢？」他問。

「在房間陪寶寶們睡覺。」

「他們今天沒腸絞痛了？」

「才剛哭完。」妻子幾乎不說多餘的話，像是再無多餘的力氣與情感留給他。

他靠近妻子，似乎看見未乾的淚痕。同樣的哀傷與疲憊日復一日，時間從妻子的臉上冷冷地滑過。

他將包裹遞給妻子，妻子急躁地拆開紙盒，看起來是益生菌與安撫孩子的小玩具。

任何可能有助於讓孩子不哭的方法，妻子都不放過，她以此抵抗憂鬱，卻也因此遭憂鬱苦苦糾纏。

妻子突然抬起頭，問：「奶粉呢？」

「唉！」他沮喪地嘆氣，「一忙就忘了。」

妻子彷彿要說什麼，但終究沒開口，又低下頭繼續拆解包裝。失望？生氣？焦慮？還是已經沒有任何感覺了？

或許就只是太累了吧？像今天下午總經理約談他時，他沒多說什麼那般的疲憊吧！

「今天晚上老地方啊！你好一陣子沒來了。」總經理皺著眉，用懷疑的眼神看著他。

「嗯嗯。」他微微點頭，沒說好，也沒說不好。

「忙什麼啊？我生四個都沒那麼忙。」

「呵呵，我能力沒總經理好啦！」

「操！你這是在酸我嗎？什麼能力不能力的。」

「沒有沒有，當然不是，我是真的能力不好，所以時間不太夠用。」

「能力不好啊？你自己都這樣說了，那我還要用你嗎？」

「啊！所以很感謝總經理，我當然一定會更努力、更用心的。」

「哼！」總經理一陣冷笑。「不用說這種表面話啦！時間不夠，我們就不要浪費時間。坦白告訴你，我看你很多年了，知道你一直是個努力的人。剛生小孩，難免有個過渡期要適應一下，這個我們有家庭，都可以體諒，但如果你的心一直回不到工作上，我怎麼可能看得到你的用心呢？」

「嗯……」他低下頭，疲憊得不知該說什麼。

「時間是擠出來的，機會也是擠出來的，位置就一個，**你不擠，別人就把你擠下去了**。懂了吧？如果你要犧牲我們，我就只好犧牲你了。我同意你說的，時間真的不夠，所以我也不會浪費時間在你身上。」總經理邊說，邊將目光移回自己的電腦螢幕。

「我明白了，謝謝總經理指點。」他低著頭離開了辦公室。

手機響起要拜訪客戶的提醒鈴聲，他匆匆提起公事包，傳訊息告訴客戶他可能會慢一些。等電梯時，總經理的話擠進了他的思緒，像一根銳利的釘子掉進齒輪，突然卡住了一切。

電梯門開了，他又動了起來，然後就忘了原本要順路買奶粉的事情。

時間、空間和心力……一切都是擠壓出來的。但是被擠壓，不會覺得痛嗎？不會變形、碎裂嗎？被擠壓之後，還能恢復原狀嗎？

被雙胞胎所擠壓的妻子，能恢復原狀嗎？

他在昏暗的燈光裡走進臥室，赤腳踩到一片尖銳的東西，亮燈一看，果然是玻璃碎片，應該又是摔破的奶瓶吧。腳底只有微微滲血，他拿衛生紙小心地裹起碎片丟進垃圾桶，旁邊有一坨報紙，拿起來晃了晃，的確是玻璃殘骸。

怎麼了嗎？是不小心，還是……？有人受傷了嗎？……許多東西在他無力去看的時候，就那樣碎了。

又得買奶瓶了，他想著想著走到角落，準備拉出吸塵器，瞬間意識到屋子裡的安靜，又放了回去。

突然，他覺得自己好像做什麼都不是，但不做什麼也不是。沉沉地坐到床上，聽見老化彈簧的擠壓聲。

是害怕啊！他害怕哭聲，也好怕這種安靜，怕自己像這樣皺巴巴的，從頭到尾根本就沒有能力去支撐、容納他所奢望的幸福。

他不如自己想像中的勇敢和堅強。其實他像妻子一樣害怕，但他不願說、不敢說，也不能說，因為他自覺沒理由也沒有資格說出口啊，沒有任何人會相信他竟然因幸福而憂鬱。

「我相信。」我看著他的眼睛，相信我所看見的憂傷。

「為什麼？很多人羨慕我，結婚、生小孩，這些都是被祝福的事情啊！而且生小孩痛的又不是我，我有什麼資格憂鬱？現在我老婆最需要支持，我怎麼能夠憂鬱？我只是太累而已吧，如果連我也憂鬱了，那誰來陪我老婆，誰來撐這個家……」他眼裡泛淚，苦笑著說：「奶瓶也是要錢的啊！」

「**憂鬱不是比較誰的痛苦比較多，就留給誰的。**」

我遞給他一張衛生紙，接著說：「你知道嗎？許多被祝福的事情，其實都是充滿壓力的，像是你說的結婚、生小孩，還有畢業、升遷、得獎，這些都是。幸福跟壓力並不是互斥的，反而總是矛盾地糾纏在一起。而產後憂鬱也不是女人的專利，有愈來愈多研究發現，**憂鬱在新手爸爸身上一點都不罕見**，只是大家都不說，就以為不存在。不是只有痛才會帶來憂鬱，錢、時間、爭吵，甚至孩子本身就是巨大的壓力，像你這樣，另一半陷在憂鬱之中，自己也更容易跟著陷入憂鬱。

「所謂的陪伴是彼此相伴，支撐也是共同支撐。你所想的幸福，不就是兩個人的事情嗎？」

「其實，我也會害怕……」他顫抖著說。

「嗯嗯。」我等待他懷著如此勇敢的害怕繼續說。

「我怕我並不是真正擁有能力去愛，只是自私地把自己追求的一切當成了幸福。」

「怎麼說呢？」

「不然，為什麼我會害怕呢？如果是愛，就不應該害怕了啊！」他流著淚說。

「幸福跟痛苦並不是互斥的，愛與害怕當然也不是。因為有了愛，那害怕才會如此強烈吧！又或者正因存在於害怕裡頭，那樣的愛，才是勇敢的愛吧！」

我想，正是因為我們有愛，而願意去承受恐懼，也因此被愛的力量所拯救。其實我也不明白，但這些感受總是複雜又緊密地糾纏在一起。人啊，擁有太多我們所不明白的東西：為何會恐懼？如何能愛？生命的苦痛與幸福，或許就是用來學習這些的吧。

「你愛你的小孩和老婆嗎？」我問。

「我不知道。」

「那你老婆愛你跟孩子嗎？」

「我也不曉得。」

「別懷疑了。」我用信任的微笑，輕輕地說

甜蜜的負荷，終究是負荷，但也沒失去甜蜜。既痛且快，既愛又懼，感受到重量是因為它存在，被擠壓是因為彼此靠近。只不過，即使承載了再豐盛的靈魂，我們終究是平凡的肉身，於是我們變得皺巴巴的，但也甜蜜蜜的。

總經理突然要被調去海外。在惜別的聚會上，他喝得比以往更醉。

「操！你們真以為我不想回家啊！我是無家可歸！無家可歸，懂了嗎？回去了，也不是家。老子買的房子，但不是老子的家，我跟你們浪費時間買來的，結果呢，什麼都沒有，他們當我空氣，不管人在不在家都是透明的，現在要被吹去越南啦！也好，反正我沒家，飄去哪裡都一樣，來去一陣風，自由自在。來，乾了！自由自在！」

聽同事說，總經理哭了，而且那天醉到老婆去酒店帶他回家。總經理其實是怕老婆的——那晚之後，大家都這樣說。

聽說，他是自動請調的。

這天，他又忙到沒空吃午餐，在下班路上跟老伯買了烤地瓜。

「喔！你這顆很甜喔！」老伯看著磅秤說。

「呵呵，阿伯你的地瓜本來就很甜、很鬆啊！」

「不是啦，你這個秤起來特別重，愈甜愈重啊！」

「是喔？」他盯著皺巴巴的地瓜，看不出個所以然，但想想，大概真的是這樣吧。

「少年仔，你甘知烤地瓜為什麼特別甜？」老伯揚起眉毛問。

「為什麼喔？脫水吧，糖都留下來了啊！」他直覺地回答。

「這麼簡單還要問你？我跟你講，這是有學問的，烤地瓜的時候，溫度夠，裡面的澱粉才會分解成糖，就像米飯愈嚼愈甜也是澱粉在嘴巴裡分解成糖的關係。烤地瓜沒那麼簡單啦！」老伯露出皺巴巴的驕傲笑臉。

「原來是這樣喔！阿伯，你真的有研究欸！」

「當然啊！烤地瓜也是要講科學的！」老伯不禁得意了起來。「少年仔，我跟你講，人生也是這樣，要不怕烤，**有時候，內心也是要讓它碎碎爛爛的，甜蜜才會出來。**假如整塊好好，不痛不癢又沒滋沒味的，那樣的心不美麗，只是浪費人生而已。」老伯瞇起眼探頭看爐火。

「這也是科學嗎？」他笑著問。

「不是，這是哲學。」老伯說著，又丟了幾塊木炭進去。

走進大樓時，他又被警衛喚住，領了幾件妻子的包裹，在電梯裡想起老伯的話，不自覺地微微笑了。

打開門，屋裡仍是昏暗的安靜，他坐到妻子身邊，將包裹交給她。

「還有這個。」牛皮紙袋裡是熱騰騰的烤地瓜。

妻子看了紙袋，又看了他一眼，露出了神祕的笑。她接下紙袋，將地瓜剝了開來，一股香甜的熱氣竄出。

「其實我也會怕。」他說。

妻子疑惑地抬起頭。

「我也會怕自己承擔不了這一切，怕會失去你，失去孩子。」他在昏暗的燈光裡繼續說：「只是我以為自己可以假裝不怕，只要我假裝不怕，你就也不會害怕了，就會一直留在我身邊，留在這個家。」

「從一開始就怕嗎？」妻子問。

他點點頭。「如果我也害怕，你就會覺得我不夠愛你們吧？」

「你應該早點告訴我的，**一個人害怕的感覺，是很孤獨的**。而且我一直以為是因為自己這麼害怕又憂鬱，才不被你需要，不配被你愛。」妻子哽咽地說著。

「不是這樣的。」

「我知道，真的，現在我知道了。謝謝你願意告訴我……啊！這地瓜好甜喔！」

「大概是因為日子太苦了吧！」他苦笑著說。

妻子又咬了口地瓜，然後拭去眼淚，拿起一件包裹遞給他，「這是給你的。」

他疑惑地撕開包裹，是一件淺黃色的防皺襯衫。

「你穿這個顏色很好看，而且那些皺巴巴的衣服該換了。」

「謝謝。」他撫著平滑的襯衫說。

「反正是花你的錢買的。」妻子又低頭吃起地瓜。

「還是謝謝。」他又說了一次。

而沒說的是：謝謝你看見了皺巴巴的我。

憂鬱是很內在、個人的，它與孤獨有關，卻也與連結有關。

當你所關愛、珍惜的人承受痛苦時，你也會感受到痛苦，因為你們緊緊地靠著，於是沉沉的重量從他身上擠壓到你身上。你們一直都不是只有自己一個人，只是這時候，憂鬱將你們都壓垮了——你們感受不到彼此的連結與支撐，只感受到自己往孤獨陷落。

憂鬱，也是兩個人的事情。

雙胞胎

對於「公平」的不安與矛盾

他在等待，像個小小孩一樣，看似要逃開，其實是暗暗等著那個人追上來，陪他再走一段。

愛能計量嗎？愛能比較嗎？
如果失去都是痛，那痛有不一樣嗎？

愛，或許就像開著一輛車，將孩子都帶上，一個坐這兒，而另一個得坐那兒。不同的位置，不同的距離，不同的風景，不同的目光，我們盡力且小心地愛，願大家能平安地一同前進，不讓任何一個人被拋下。

但無論如何，那都是獨特的位置，獨特的愛。

她意外懷了一對雙胞胎。

這是雙份的禮物與雙份的喜悅，也是雙份的負荷。

親朋好友紛紛恭喜她，也安慰她：「一次就把兩份的辛苦撐完了，節省時間，也不用害怕得從頭再來一次。」

「要我再懷一次孕，殺了我吧！」她安胎時，新手媽媽朋友來探望，一手抱著沉沉的嬰孩在懷裡睡著，一手作勢往脖子上劃了一刀。她摸摸自己快速隆起的肚子，不敢笑得太用力，醫師叮囑現在是危險期，她僵硬的身體彷彿被灌了漿，躺在床上任痠痛蔓生卻動彈不得。

「寶寶們也正安穩地沉睡著吧？」她想，自己這麼脆弱窄小的身子，一次住進兩個生命，一定很不舒適吧？委屈他們了，出來之後，就不會那麼擁擠了。

但兩份的辛苦，真是難熬。

她常忍不住握著先生的手哭，很壓抑地哭，稍微劇烈一些就會喘不過氣來。巨大的肚子擋在他們夫妻之間，連擁抱都異常艱難。

所幸，多懷一個孩子，寶寶們留在子宮裡的時間反而縮短。雙胞胎在肚子裡感覺很巨大，早產的他們躺在保溫箱裡，卻顯得很嬌弱，像一座森林一夕間化為兩朵雛菊。那是一種超越現實的感受，彷彿隔著海洋一般深的羊水，無論她在心中想像了多少回，剪斷臍帶之後，一切都宛如初次見面的陌生人，得重新認識起。

「你們好，我是你們的母親，我等待你們很久了，終於，可以真的見面了。」

當孩子的臉孔從皺巴巴的麵團中揉了出來後，大家都說「真的是一模一樣」，無論是眼睛像爸爸，還是鼻子像媽媽，總之，兩個寶寶一模一樣。連先生抱起孩子要去洗澡時，也總是喚錯名字。

「哎呀！那是哥哥啦，他剛洗過了。」她又好氣又好笑。有這麼難分辨嗎？她似乎能看見某種靈魂似的差異，一眼就認出兩兄弟之間的不同。

哥哥早出生一分鐘，但體重比弟弟少三百克；弟弟的眼神像星星，哥哥的眼睛則是月亮……

她在心中悄悄記住這些差異，卻漸漸陷入矛盾之中：**該如何記得這些差異，卻不讓它們變成比較呢？**

人家說，雙胞胎很討厭別人講他們「一樣」，卻又很在意彼此之間的「不一樣」。她既然身為兩人共同的母親，應該成為「一模一樣」的母親吧？

可是，她對於該如何成為一個母親都沒有信心了，更何況是一模一樣的母親。

巨大的艱難在寶寶們來到眼前後，顯得更巨大，而爸爸媽媽沒有學習的機會，沒有緩衝的時間，所有的考驗與挫折一落下便是雙倍的。

幸好有個溫柔支持的先生，雖然他不會跟著流淚，但在妻子脆弱的時候，總能穩穩地將她包覆好，像安胎時那樣，等待她的力量重新長出來。

因此，她也擁有雙倍的力量吧。

儘管經濟上不算富裕，但他們夫妻早有共識，會盡力讓孩子感受到同樣的愛。但怎樣算是同樣的愛呢？他們努力讓所有的東西都相同：嬰兒車、安全座椅、衣服、鞋子、玩具……一切都是雙份且全新的，不像她小時候永遠是接收姊姊用過的東西，有時還得先塗掉姊姊的名字，才能寫上自己的。

他們也努力給孩子相同的時間與擁抱，一起洗澡，一起說故事，一起找弟弟喜歡的星星，還有哥哥喜歡的月亮。

儘管如此，雙胞胎還是不一樣。

隨著雙胞胎逐漸長大，微小的差異被放大了：哥哥比較高，說話比較慢，鞋子也比弟弟大一號。兩人再也沒辦法完全一樣了，丈夫鮮少喚錯名字，身邊細心的人也開始分辨得出他們的不同。

而她其實從一開始就知道他們不一樣了。

雙胞胎的個性完全不同，哥哥溫馴害羞，弟弟固執而活潑。帶著兩兄弟出門時，哥哥總緊緊牽著她的手，不敢分開，弟弟則會冷不防地甩開手跑得遠遠地，然後再像顆流星衝回來，撞進她懷裡。

兩人上學後，哥哥的膽怯一直讓她煩惱著，費了好大的勁才讓哥哥停止哭泣。而弟弟卻是頭也不回地飛離母親的軌道。

後來的日子，幾乎都是哥哥在揪著她的心：學習比較慢，人際關係比較笨拙，三天兩頭病著。相反地，弟弟總是不需她操心。她在心中默想，幸好弟弟如此獨立，讓她可以專心處理哥哥的問題。

然而這樣的安心，有一天碎了。

那天，兄弟倆在學校打架，兩人都說是對方先動手，弟弟胸口有青色的指印，哥哥手上則刻了好幾口滲血的深紅齒痕。

老師說，哥哥忘了帶直笛，弟弟不願借他，情急之下，哥哥直接從弟弟書包裡搶了過去，然後兩人就扭打成一團了。混亂之中，旁觀的人其實分不太清楚誰是誰。

兩個人回家後都被她罵了一頓，為了公平，週末打電動的時間都被取消。哥哥低著頭不敢說話，弟弟卻瞪大著眼，流淚說：

「不公平，根本就不公平！」

她永遠都記得，原來被自己的孩子恨著是這種感覺。

那張小臉像是在抵抗全世界的誤解而用力著，憤恨又委屈，彷彿就算被遺棄也不願妥協——看著那張臉，她的心很痛，像是靈魂有一部分被撕下，然後拋入遙遠的黑暗宇宙中，徹底分離。那如同另一場生產，只是這次被剖開的是心，而且之前是等著迎接，這次卻是告別。

哥哥繼續依賴著，弟弟繼續獨立著，她想不透，為何拉不動哥哥也拉不近弟弟。每次一想，就是一場陣痛，她只能無助地抓著丈夫哭泣。

雙胞胎念國中時，有一次，她無意間讀到弟弟的作文：

「母親是山，父親是海，對我來說，我真心喜愛的是海。海是自由而流動的，他可以帶我到遙遠的地方探險，帶我到新的世界，找到屬於我自己的島嶼。而山是沉默的，無論我到哪裡，她都不會移動，她只會跟哥哥留在原處。」

陣痛襲來，她無法動彈。

「不公平啊！為何如此？沉默的是這孩子，我何時沉默了？」她默默流下淚水，身為孩子們的同一個母親，那是一樣的淚水，一樣的痛，從來就沒有不一樣啊！

算了，跟丈夫一人一個，也算是公平吧！

她小心翼翼地將作文簿擺回原處，掛念起這孩子的心到底要到多遠的島嶼去……

哥哥考上了預期的高中，弟弟的成績更好，卻執意選擇外地的高職餐飲科，爸爸與他徹夜長談，也未能扭轉他的心意。

「為什麼？從來沒聽你說過。」她問弟弟，不明白這孩子為何愈離愈遠。

「沒有為什麼啊！我只是不想再跟哥哥共用一個房間而已。」弟弟淡然回應，聽不出任何情感。

「就這樣？就這麼無聊的理由？」她既疑惑又憤怒。

「哪裡無聊？你就是永遠都不明白，永遠都這麼偏心。」弟弟的語氣裡脹著壓抑的憤怒。

「我真不明白我到底哪裡偏心了。」

「偏心就偏心，為什麼你就是不承認呢？連我朋友也都這樣覺得。」

「你朋友？你朋友是知道些什麼？」她喘著氣，難以平靜，彷彿孩子還在她腹中壓迫著呼吸。實際上，這孩子早比自己想像中離得還遠。

「那你知道我最喜歡什麼甜點嗎？」弟弟逼視著她，宛若判決前的最後一場拷問。

她腦中一片空白，真的一無所知。她應該知道嗎？每個母親都知道嗎？

她不知道。

虧欠與罪惡感填滿了那片空白，她不斷地回想，卻不斷地落空，一路往回走，彷彿都只有悲傷與沉默的回憶。孩子一直在身邊，卻什麼都不說，只有那張充滿憤恨與委屈的小臉，她永遠忘不了。

「你偏心！」

罪名就此成立了。

弟弟離家後，她忍不住問哥哥：「你知道弟弟最喜歡的甜點是什麼嗎？」

「雙胞胎啊！」哥哥毫不遲疑地答。

「雙胞胎？」她卻毫無印象。

「你忘了嗎？就以前國小你載我們下課，都會買給我們吃的那個啊！」

「為什麼你知道？」

「他很愛講，我們常常為了這件事情吵架。」

「吵架？」她疑惑地問。

「他說你都偏心，買一個雙胞胎一人一半，但每次他那一半都比較小塊。」哥哥露出無奈的表情說。

她隱約回想起這回事，下午太陽仍豔毒，那校門口擺攤的婦人背了個孩子，站在油鍋前全身濕溽。或許是同情，但又怕吃了甜食吃不下晚餐，她總買一塊分給兩個孩子吃。

但她不記得弟弟抱怨過，也記不得那時候弟弟的表情。難道自己真的少看一眼了嗎？

她問：「你覺得我有偏心嗎？」

「不知道，我不會去想這種問題。」哥哥淡淡地答，轉身回他獨享的房間。

「我真的不知道要做到怎樣才算公平？」在診間裡，她哭著說。一旁陪伴的先生也同樣沮喪。其實她很矛盾，她覺得那樣的要求與指控太不公平了，但心中卻又似乎承認了那樣的指控且感到罪惡。她為孩子的傷而覺得心痛與自責，即使她不是故意的，甚至她一無所知。

或許，那孩子也懷著同樣矛盾的情感吧！

一直以來，弟弟相對比較讓人放心，或許他也真的不願讓母親擔心，然而，他其實還是在乎著母親分了多少心在他身上。

「到底怎麼樣才算公平呢？我也不知道。」我彷彿自問自答，緩緩地說：「每個孩子都是不同的，他們渴望被愛的方式也不一樣。我只知道，當孩子需要時，我們都會盡力到他們身邊。但我們真的能夠滿足他們所有的需求嗎？即便我們毫無條件地願意，真的就能找到宇宙中的每顆『星星』，然後給他們足夠的目光嗎？」

許多時候，孩子的心就像無邊無際的宇宙難以捉摸啊！

「更何況，孩子不見得能將自己的需求表達出來，有的願意直說，有的拐彎抹角，有的則用沉默當唯一的表達方式。」我繼續說。

於是那些星星啊，在幽深的夜空中忽明忽滅，好像我們一移開目光，他們就會隱藏起來——父母被孩子遺棄了，也彷彿是遺棄了孩子。

「**但，至少他開始說了，不是嗎？**」

我總覺得那孩子是在等待，像個小小孩一樣，看似要逃開，其實是暗暗等著母親追上來，陪他再走一段。

她上網找了影片，開始揉麵團，學炸雙胞胎。影片裡說油別太熱，才能讓雙胞胎長大，炸開。

某個週末的凌晨，她聽見聲響，下樓見玄關多了一雙鞋子，上頭滿是油漬，才知道弟弟默默搭了夜車回家。她索性起床，開始發麵團，炸她那尚在摸索的雙胞胎。

轉眼陽光已經跟雙胞胎一般酥亮，她在餐桌上留了張紙條，便上樓睡回籠覺。

試試看媽媽新研發的雙胞胎，要吃幾個自己拿。

一覺醒來，已經接近中午。她下樓一看，整盤雙胞胎還擺在那兒。「難道他們兄弟倆都還沒起床？」

但走近一看，發現這雙胞胎無論形狀還是色澤，都比自己炸的漂亮。她拿起來發現還熱著，咬下去裡頭竟然包餡，一邊是紅豆泥，另一邊是桔醬。這時她才看見底下壓著一張字條，跟弟弟作文簿裡的字一樣。

這才是真•的•雙胞胎，看起來一樣，吃起來不一樣。如果想學，求我，我可以教你。

桔醬留

她笑著心想，果然是包桔醬啊！酸酸甜甜的。

到兄弟倆的房間探看，哥哥不在，大概是去圖書館念書了，而弟弟用棉被蒙著頭，還在床上。她回到餐廳，丈夫剛好走進門來。

「好吃吧！你這兒子不簡單啊！」丈夫笑著說。

「嗯，真的好吃！」她微笑著說，忍不住又拿起了一個，端詳了一會，放進嘴裡，心裡偷偷埋怨：「再好吃，兩邊還不是不一樣大。」

愛可以計量嗎？是放到天平上秤重，還是以尺估算體積？

恐怕不行吧，愛是如此難以捉摸，無以名狀，甚至連愛是什麼，我們都可以爭論一輩子。

但儘管如此，我們還是很難不去比較彼此之間的愛，於是我們用盡各種間接、想像，甚至有些霸道的方式，試著去將愛經過的痕跡具體地描繪出來：

陪伴了多少時間？

燃燒出多亮的火光？

願意承受多深的痛？

犧牲多珍貴的東西換取？

或是放入心中能占據多少回憶，溢出多少眼淚？

愛彷佛真的有了重量，但偏偏那樣的存在卻是主觀而變動的。就像影子一樣，你站在不同的位置便看見不同的形狀。如溫度，從給予到接受之間是不停的流散。更如光，你可以看見虹彩，也可以閉上眼，就什麼都看不見。

誰付出比較多的愛，誰擁有比較多的愛，一輩子，爭論不休。愛多了，既驕傲又委屈；愛少了，既委屈又驕傲。

那愛裡頭，能有公平嗎？

其實，愛不是等量的，因為它本來就難以計量，也永遠不可能一模一樣。

每一份愛都是獨一無二的。

就跟每個孩子一樣，都是獨一無二的。

在父母眼中，都是獨一無二的。

蛋糕

理解家庭的傷

人生累積的滿足或傷痛層層疊疊，就如一個蛋糕，夾層裡是各種滋味的餡料，倘若一口咬下，我們該如何釐清口中這些豐富又複雜的滋味呢？

理解，終將讓我們看見力量與希望。

家庭會傷人，但有時傷害的不僅是孩子，還有父母。

孩子來自原生家庭，自信與自卑、安心與焦慮也經常根源於家庭。

只是，孩子不全然是被動、抽離或置身事外的，他亦是家庭裡的一個角色，被動與無從選擇是相對，而非絕對。

孩子嬌弱無辜，有時卻因此成為某種頑固的核心，既弱小卻又強悍，隱隱釋放著巨大的力量。

父母，往往也無從選擇地被家庭所傷。

個案的家庭總是緊繃地連結與糾纏著，分不清是誰繞著誰旋轉。誰操控誰？誰壓迫誰？又是誰勒索著誰？這些是源於扭曲的恨，還是扭曲的愛呢？

理解家庭的傷，不只是要你以恨去指認罪人，那是漫長而停滯的。「理解」，是為了看見家庭裡情感的流動，自己是如何被擺放，又是如何建構起這個家庭。

即使那流動隱微而渺小，仍需等待，但理解終將讓我們看見力量與希望。

她是一位哀傷且不知所措的母親。

她抱著一疊書進來，一坐下便忙著從提包中抽出一份報告，然後將所有東西都攤在桌上。她彷彿願意交出所有的東西來換取什麼。

眼神堅決又茫然，故作鎮定的語氣裡是急促的呼吸，像是不斷告訴自己得做好準備，聆聽宣判。

她是一個女孩的母親，厭食症女孩的母親。

我拿起報告，那是女兒的心理衡鑑報告。

十六歲的高一女孩，內向、拘謹，自我要求高，傾向用壓抑與迴避處理情緒，面對衝突時多扮演討好、順從的角色。家庭關係緊密，自小與母親親密……缺乏自信，人際關係敏感，對於課業表現及身體形象皆感到焦慮……國中開始節食，控制體重……

不陌生的內容，但真實的那個女孩，對我而言仍是陌生的，反倒是眼前這位凌亂而破碎地描繪著女兒的母親讓我漸漸感到熟悉。

我勉強拼湊出了畫面：

女孩的厭食是在國三開始失控的，成績也跟著體重一同下滑，最後雖勉強擠進第一志願，但瘦弱的身體與自信已讓她完全無法負荷沉重的課業壓力。食物，成為她唯一可以掌控的東西。生活裡，熱量跟著臉上的表情一同消失，她總穿著寬鬆外套遮掩身形，抽屜裡塞滿零食與甜點，但很少看見她吃，就算咬了一口，也像是太珍貴捨不得嚥下似地咀嚼許久。

她在班上幾乎沒有朋友，沉默而疏離，偶爾在校園內遇見國中時的同學，她也低著頭匆匆閃避。後來有同學發現她總會在外套口袋裡放一塊咖啡店買的小蛋糕，他們開始好奇地談論起到底有沒有人看過她吃，或是她今天買了什麼蛋糕。

老師很快就注意到女孩的不尋常，也關心起她的飲食狀況，但每當老師問她：「吃東西了嗎？」她總是漠然地從口袋中掏出蛋糕，回以僵硬的微笑，然後找理由離開。最後，擔憂的老師聯絡了母親。

當母親從老師口中聽到「厭食症」這三個字時，一股酸濃的噁心感從胃中湧出，然後，她也吃不下了。

她陪著女兒就醫，做了檢查測驗，也短暫住了院。那過程宛如一場戰爭，對女兒、她和整個家庭都是。經過持續治療，女兒恢復了進食，體重像收復失地般地緩慢推進，但治療未能修復，留下的傷口與斷垣殘壁仍令人觸目驚心。

「我最難過的是，這些都是老師告訴我的。**我應該要知道的，但我卻什麼都不曉得**。我曾經懷疑過，但我……唉！我不應該找任何藉口，我承認自己是個失職的母親。」她流著淚懺悔，那第一時間的錯過與缺席再也無法挽回，成為她心中最痛且難以癒合的一道傷。

但此刻的眼淚若不是屬於一位母親，又是屬於誰呢？若非身為母親，又怎會陷入戰爭，跟著女兒一起傷痕累累呢？

對厭食症患者來說，這是一場高貴的戰爭，需要近乎頑固的堅持與挑剔去克制對食物的欲望，收集、賞玩，但以扭曲的意志力阻止食物進入口中。這場仗也寧靜而晦暗，他們無聲地進食、偽裝自己有進食，逃離人群，迴避耳目，讓一切成為自己與食物之間的遊戲和祕密，從尋常的日子裡，一點一滴地偷走生命的熱量與重量。

大多時候，父母不是刻意忽略，而是毫無防備地被偷襲。他們怎知獨立的孩子除了叛逆與愛情之外，還會將食物變成另一個致命的祕密。

「醫生，請你告訴我，我該怎麼幫她？」這位母親彷彿願意將自己融化以填補任何空隙，甚至讓女兒吞下。

她來到了診間，卻只帶來孩子的問題，忘了將自己帶上，頂多，只有環繞著孩子旋轉的罪惡感。

「聽起來，她已經在就醫了，你也很認真地找了這麼多資料想要了解她的問題，這是相當不容易的。現在我比較擔心的反而是你自己的情緒。你要怎麼幫你自己呢？」我看著她，希望她也能看見自己。

她搖了搖頭。「我不重要，辛苦的是這個孩子，是我們傷害了她。」她從書堆中抽出一本書，一邊翻找著自己做的記號，一邊說：「書裡頭都有寫，只是……我不知道……」

那是「結構家庭治療大師」米紐慶（Minuchin）的《厭食家族——探索心身症的家庭脈絡》。

許多父母與她一樣，當身邊自己的孩子變得遙不可及時，那些書上真正遙遠而陌生的案例反而可以輕易觸及了。她的焦慮因此得到短暫的平息，困惑得到表面的解答，而虧欠也藉著努力的閱讀，得以償還。

至少，她做了些什麼，讓自己不是那個無知又無能的母親，那個她自我認定卻又亟欲擺脫的罪惡角色。

書裡一行行的螢光記號像是淚痕，密密麻麻的鉛字宛如控訴。她囫圇吞棗，如默念咒語似地反覆咀嚼，那不像是閱讀、學習或有所領悟，而是一場因孩子而受的嚴酷懲罰，她必須將這些書如念經文般一字一句地懺悔，洗淨未克盡母職的罪。

是的，她認罪，且感到哀傷與深深的抱歉，她得負起責任，到未知的世界裡將女兒拯救出來。

「你看這句話。」她指著書裡的一句話說：「『你母親讓你無法長大，請幫助她讓你長大。』」我看著她的手在書頁上顫抖。

她重重地在底下劃了好幾道線，也重重地將這句話刻鑿進心裡，卻迴避似地忽略了上頭的另一句話：你覺得很依賴母親。

不是嗎？女兒是如此依賴著她，而「食物」正是那最初斷不開的糾纏。

試著想像：若孩子出生後僅靠呼吸便可維生、長大，那我們與他的相處、互動會有多麼大的不同？像一株不需澆水的植物逕自開花，依賴與索求減少，或許衝突也減少，但親密也減少了。

你說，還有擁抱、言語和微笑吧！但缺少了食物的餵養，彷彿失去了某種具體的憑藉，就像生日桌上沒有蛋糕，那該如何燃上蠟燭，圍著歌唱？被火光映照的小臉如何閉眼許願，然後吹滅燭火，分享接受了祝福與愛的蛋糕？

我們不確定自己給出了什麼，看不到自己是如何地被需要，也不敢肯定自己在孩子的生命中是否真的不可或缺，但這些其實是支撐著父母繼續付出的力量。

就像望著孩子專注吃蛋糕的臉，我們感到甜蜜又滿足。他們日夜長大，彷彿也確認了是因為我們的給予，生命才獲得能量。

這種因餵養而建立的關係，限制了孩子，但也束縛了父母。孩子看似弱小、依賴，卻將父母緊緊抓在身旁。父母看似不斷犧牲與付出，卻也藉此滿足了自己創造生命、供養生命的偉大想像。

彼此依賴，彼此滿足，彼此給予能量，彼此亦獲得能量。

這是一場從食物開始，無止境地拔河。

她回想起襁褓中那張飢餓又乖順的小嘴，幾乎是貪婪的，但也毫無防禦和抵抗地接受一切的餵養，那種**信任**多麼惹人憐愛，令人幾乎只能毫無抵抗地臣服。

但很快地，孩子開始抗拒、挑剔與拖延：餐桌成了戰場，玩具與食物成為彼此談判的籌碼，看似無能為力的孩子機靈地操弄著父母的憤怒與同情，漸漸圈出了自己的地盤，也長出了自己的脾氣與胃口。

也好，這也算是一種解脫。於是她在女兒上小學後就回到職場，早餐交給早餐店，午餐交給學校，晚餐看心情與精力，有時炒個菜，有時包便當回家。

孩子偶爾仍會埋怨、挑剔，但她看透了這些伎倆，也無力周旋，心想孩子這麼大了，總餓不死自己的。

那天下班回到家後，她經過國中女兒的房門口時問：「今天煮韭菜水餃好嗎？」

「不用了，我已經吃完泡麵了。」女兒坐在書桌前，背對著她說。

「泡麵？」

「我很餓了，天曉得你要幾點回來。而且你不知道我討厭韭菜嗎？」

她愣在那兒。討厭韭菜？什麼時候的事，上星期不是還吃得好好的嗎？

疲憊與飢餓，加上被刺痛的罪惡感，使得一股憤怒熊熊燃起。「不想吃就不要吃！」

「砰！」一聲，她用力甩上了女兒的房門。

想起來，那扇門自此就關上了。

女兒總是藉口忙，將晚餐端進房裡吃。身為母親的直覺好幾次讓她想要開門窺看，但擺脫不了的罪惡感又讓她縮手。

她想：「既然無法一直留在孩子身邊，就也別總是抓著她吧。」於是她努力相信孩子的獨立，以接受自己因疏離而生的寂寞。

她幾乎再沒機會看見自己準備的食物進女兒的嘴裡。女兒只在過生日時仍願意走出房門，許願、吹熄蠟燭，小口小口地吃下一小塊草莓蛋糕。那曾經是小女孩興奮期待的慶典，如今卻像是一場老舊的儀式。

長大，不再是那麼單純的喜悅。

那陣子，她工作很不順，明明早在記事本上畫了個草莓蛋糕，但一整天忙得忘了吃正餐，眼神匆匆瞥過那個蛋糕圖好幾次，卻一點兒意識也沒停留。

下班晚了，經過蛋糕店時才突然感到飢餓，女兒的生日瞬間像漏寫的題目闖入心裡！她衝入店裡，但因忘了預訂，冰櫃裡只剩一個孤伶伶的巧克力蛋糕。

丈夫特地提早下班，他們圍著蛋糕，插好蠟燭，女兒緩緩走出房門。她正準備點上燭火時，女兒嘆了一口氣，說：「這什麼啊？為什麼不是草莓蛋糕？」

她說不出話，看著女兒轉身回到房裡，「砰！」一聲甩上了門。

「不想吃就不要吃！」同一句話，她對著緊閉的門又怒吼了一次。

而今，這句話在她腦海中反覆說了一萬次。

「我當初不該說這句話的。」她陷在過去裡，流著淚說。

那句話彷彿是厭食症的咒語，而她是施咒的女巫，自此，難以破解。

「妳女兒，也這麼說嗎？」我好奇地問，畢竟那是一件遙遠的回憶，而且，**曲折的生命往往不是單純一句話就可以決定的。**

人生累積的滿足或傷痛層層疊疊，或許就如一個蛋糕，夾層裡是各種滋味的餡料，裹上厚厚醬料後，擠上裝飾花紋，再擺上最後的妝點。縱切一塊，我們可以看見表面的草莓底下是融雪般的奶油，再底下如礦脈般是各色果醬與威士忌巧克力，而海綿蛋糕柔軟的毛細孔裡偷偷滋潤著蜂蜜和花香。

倘若一口咬下，我們該如何釐清口中這些豐富又複雜的滋味呢？如何為這個蛋糕命名？是根據表面的，還是內含的？是占據最多的，還是最濃郁的？而所有的對與錯、調和與衝突，又該由什麼負責呢？

沒有什麼是決定性的，也沒有什麼是多餘的，**人在家庭內，也在家庭外**，層層疊疊地，縱使嚐盡了，也說不清那是什麼滋味吧。

我只知道，她現在是用罪惡感去反覆咀嚼這些話，還有《厭食家庭》這本書。

其實，米紐慶在《厭食家庭》書中所談的是一個更複雜而動態，但也更**沒有標準答案**的家庭系統。在裡頭，不是去尋找錯誤的發生因誰而起，而是建構一種更完整的修復方式，探索更多的可能性與機會，並匯聚更多力量。

因此，**當他提及「責任」時，相較於我們習慣的指責，他更期待的其實是力量與希望。**責任由整個家庭承擔，患病的女孩是家庭的一分子，也需要承認她在其中主動的角色，並相信她所擁有的希望與力量。

家庭會傷人，而家庭是所有人共同建構的，因此每個人都有責任與力量，讓家庭轉變為包容、支持的起始和歸處。

● 你覺得很依賴母親。

● 你母親讓你無法長大，請幫助她讓你長大。

其實如果循著文章的脈絡去看，這兩句話所要訴說的意義就完全不同了。第一句話是同理厭食症女孩的主觀感受。第二句話的目的則是將固化的主觀經驗延展成兩人之間的互動，將力量引發出來，邀請女孩去看見這樣的連結並信任自己所擁有的力量，於是無助依賴的女孩，成為可以協助母親的角色。

米紐慶期待的**是觸發改變，而不是指出罪人**，然後將僵化的家庭就此埋葬。

我將書往前翻，找到了我印象中的那幾行字，她也早在底下劃過了記號。

「我們希望能描述出形成家庭成員間功能不彰的人際互動，也就是家庭成員束縛彼此的回饋迴路，藉此描繪出症狀的不同定義與多重樣貌，以及不同成員呈現的症狀。我們企圖把被標定的患者描述為互動過程中的主動參與者，其中沒有加害者，也沒有受害者，只有在日常生活中諸多細節上不斷互動的家庭成員。」

這不是在說誰錯或誰對，而是在提醒，家庭裡的每一份力量與每一段連結都是重要的。

「沒有加害者，也沒有受害者」，只有共同組成的家，還有因此而產生連結的家人。

沒有人應該被忽略，也沒有人應該占有全部的愛，或承擔全部的罪。

她的心情依然隨著女兒的體重起伏，只是聽起來漸漸平穩下來了，但說出口的那句話偶爾還是會塞回她心裡。

許久之後，她說了一件關於蛋糕的事。

那天忙碌如常，她回到家，看到女兒靜靜坐在餐桌前的背影。她放下沉重的袋子，在女兒對面坐了下來，發現桌上擺了一塊草莓蛋糕。

突然想起來今天是自己的生日，她已經十多年沒特別過生日了。

「你怎麼知道我喜歡草莓蛋糕？」她看著女兒問。女兒似乎豐腴了一些。

「因為我不喜歡草莓蛋糕。」女兒說，那嘴紅得像草莓，雙頰則如滑順的奶油。

「呵呵！其實啊，喜歡的是你爸，最早是他買給我的。」她不禁笑了出來。

這時丈夫也意外地提早進了門，他脫下西裝，站在餐桌旁扯鬆領帶，同時看著蛋糕問：

「咦？今天有人生日啊？」

「你老婆生日啊！忘了啊？」女兒抬頭衝著丈夫說。

「不是忘了，是不小心沒記住而已。奇怪，你也喜歡草莓蛋糕啊？」丈夫看著她問。

她沒抬頭，露出無奈的表情，與女兒相視而笑。

家庭能改變，傷才能痊癒，痛才能和緩，無論那所謂的家是在遙遠的背後、更遙遠的記憶裡頭，還是正在眼前。

恨是令人孤獨、疲憊，甚至令人絕望的，有些孩子因此離開了家，傷痕累累地繼續流浪著。

那，離不了家的父母呢？他們該如何為那些遙遠的流浪裡新生的傷負責？如何讓孩子不再流浪？如何不再讓恨折磨著彼此，不斷投遞到這個家來？

家是生命長河的源頭，但願是愛的源頭，而不僅是恨的源頭。

米紐慶的《家庭與家庭治療》是我接觸的第一本關於家族治療的書，那是在某條蜿蜒巷弄裡的獨立簡體書店買的，我已許久未再鑽入那條小路，而書店也早已歇業，但書中的一則故事，在我心中留駐至今。

米紐慶在第一章的開頭，便引述西班牙哲學家奧特嘉（Ortega）所說的故事：

「皮里（Peary，極地探險家）說，在他的北極旅行中，他駕著拉雪橇的狗迅速地奔跑，向著北方行進了一整天。在晚上，他查看他的方位以確定所處的緯度，結果卻極為詫異地發現，他比在早上時更靠南了，原來他是在一座被洋流帶著往南的巨大冰山上整天辛苦地往北跋涉。」

米紐慶藉此闡述環境與個人的連結與互動，尤其是緊密環繞著「人」的家庭，就如皮里所奮力奔跑的那座冰山，你踏著它前進，但也被它帶著後退。

的確，家庭對形塑一個人的人格、價值觀或人際互動模式，往往是最重要且影響最深遠的。畢竟，無論你最後離家庭多遠，最初都是從家庭而來，即使那所謂的「家庭」可能以各種複雜的形式構成，以模糊的方式被定義，甚至對你而言可能只是一個你不願承認的稀薄存在。

但無論如何，你不是憑空出現的，是某種家庭結構將尚無從選擇的你帶到了這個世界，又讓還無法獨立行走的你獲得力量，舉起雙手、移動雙腳，反抗並離開這個家庭。

在生命的最初，家庭是我們依賴且唯一能夠接觸的世界，那個世界裡往往是界線不明的。你的需求牽動了整個家庭的需求，就像嬰兒的啼哭可以喚起全家的不安；而家庭的需求也操控了你的需求，如同嬰兒在被命名、反覆叫喚後，總會毫無疑惑地回頭，承認那就是「我」的名字。

相反地，家庭與外界的界線卻是封閉的。藉此，它給予我們安全的歸屬感，但也掌握了絕對的權力。面對陌生且複雜的世界，對於一開始仍是全然無知且脆弱的孩子，這樣的指引、依靠與限制或許是必要的，但也預言了未來必然的碰撞與抗爭。

這就是家庭：保護你，但也能夠傷害你；支撐你，但也可能壓迫你。縱使你只曾經是它的一分子，但它成了你生命裡永不枯竭的一道伏流，有時溫柔地滋潤，有時卻氾濫地淹沒你。

不是嗎？我們就是如此隱隱地順流而行，即使執意逆流，也是不自覺地走在深鑿的河道裡啊！

於是，就像臍帶，即使切斷了，但某些早已流入你體內的卻再也切不斷，一直在深處流動著，永不止息。

但是在家庭一代代沖刷而下的綿延河流裡，我們到底該如何定位自己？哪些方向是我們難以抵抗，被巨流拉扯著前進的？而哪些又是自己划動，決意前往的？就像我們不斷在問的：哪些是遺傳？哪些是在家庭中繼承、學習的？哪些又是從自己所萌生？

「家庭會傷人」已經是不需懷疑的事。原生家庭的概念也逐漸為人熟知，而依附關係、童年，甚至父親的角色，也在廣泛的談論中成為許多人自我探索的指引。大家都試著在自己的傷痛中，繪出一張地圖，標示出所有可能成傷或墜落的缺口。

只是許多時候，這些貼近傷痛的分析帶來的不是理解，而是憤恨與究責。「家庭會傷人」變成「家庭是罪人」，我們困在無助的受害者裡頭，除了控訴與任由缺口撕裂外，我們對自己喪失了想像與希望。

焚毀回不去的家，有時對自己是殘忍的，那不是救贖，而是讓自己的某一部分跟著灼傷，就此乾涸。

冰淇淋

你沒有對不起誰

她無法不感到羞愧與罪惡，「過敏」像一道咒語在她腦中縈繞，攪動出太多太多聯想與隱喻，卻沒有任何一項是與愛有關，彷彿，是她親手殺了自己的孩子。

那些傷是很痛的，
沒有人可以告訴你，你該怎麼回應這些痛。

成為母親，是一種渴望、一份禮物，或是一項責任？
倘若是命運，那是艱困，還是幸福的呢？而子宮，如果永遠空著，還能驕傲地存在嗎？
成為母親之前，我們是獨立而完整的人，成為母親之後，我們依然是。
別因成為母親而失去自己，也別因不能成為母親，而否定自己。
母親之外，我們依然是脆弱而堅強的人，愛與哀傷，早已平凡而巨大地存在。

風使勁地吹著，她坐在草地上，乾脆摘下抓不牢的草帽，任長髮隨風撥弄。

這把年紀，已稱不上飄逸。風早吹白了髮，吹皺了面容，也吹花了眼，吹淡了遺憾。但或許是這樣，風已不是敵人，而是老友，吹了眼澀，吹了頭痛，但也吹了自由。

離開陰影後，天空開闊，各式各樣的風箏繽紛地灑落，青春的力道，高高揚起，在看似平靜的拉扯裡，享受飛翔。

草地上亦是繽紛的孩子，吹著泡泡、玩沙、騎車、丟球、仰望風箏。他們追逐、攀爬、嬉鬧、哭泣、撒嬌，與父母間同樣有條看不見的線，以難以預測的力道，拉扯如風。

她喜愛這幅風景，貪戀這幅風景，永遠看不盡的天空，看不膩的孩子，雖然總有淡淡的哀傷，如偶爾揚起的風砂吹進眼裡，但流一滴淚就好，那微微的刺痛遠小於美麗的滿足，輕輕一吹，便又散了。

或許是因為未曾擁有吧？所以永遠貪戀著，永遠能感到滿足。遠遠看著就好，不用追逐，不用拉扯，也不用放手，就任風從陌生孩子細柔的臉龐與髮絲間吹過，然後吹上自己的心頭，那些嫉妒、怨恨、失落、哀傷啊，吹著吹著，都慢慢吹散了。

不曾讓風箏飛起，也就不擔心墜落了。

風吹乾眼淚後，她是這樣想的。

那草原上，未曾有自己的孩子，但孩子，終究也不是自己的，是吧？她依然深愛這些孩子們，即使未曾擁有，但愛卻始終吹拂著。

這是母親的愛嗎？還是對生命難以抗拒的愛呢？她難以回答，她從未真正成為母親。

但，那又如何？

她深吸一口遺憾的酸楚，看著一只風箏墜落，一個孩子哭了，另一個孩子笑了。終究是要墜落的，就如生命一般，而生命，使人哭，也使人笑啊。

風吹來，她也跟著笑了。

先生端來兩支冰淇淋，一支覆盆子草莓紅酒，一支威士忌杏仁抹茶，他們倆依偎著，伴著日落緩緩品嘗。太陽會先在天空融化，然後沉入山裡，接著夜晚的酒色就發散出來了。

終究要融化，但如果一直等待下去，便真的只有融化，而不曾體會過什麼。

再等待下去，或許連自己都會失去了。

好多年，她只要一想到冰淇淋就會湧起一陣哀傷，眼淚會在她眼眶裡不停融化，而舌尖的冷，宛如一條毒蛇，狠狠咬下，鑽入喉嚨、在下腹翻滾，最後從陰道竄出。

像當初那樣，冷冷地竄出。

那是死亡的惡毒與寒冷，從她的記憶與身體裡再流過一次，陰道就像永難癒合的傷口，每個月，都得流一次血紅的淚。

怎能忘記？頂多，只能不刻意去想起吧！

在第一次流產之前，她並不知道什麼是習慣性流產，甚至不知道，流產這件事，竟能被習慣。

剛結婚的她，青春正盛，像朵溢滿蜜與香的花，陽光充沛，蝴蝶飛舞，欲望如潮間帶般濕潤。她的生命途經春天，彷彿有座花園在她體內，繽紛濃郁，肥沃而豐饒，沒有什麼，不能在裡頭盛開。

婚姻是愛情的果實，但她並不打算讓婚姻接著結果。當時她的生命裡，還有許多更重要的事情，如果懷了果實，她將不及採收，無暇品嘗。

她想慢慢地，好好地，迎接生命。

於是她忙著避孕，全然不知，其實生命並不是那麼輕易，而理所當然的。

一切就緒後，她在春天的盡頭，開始全心全意地等待生命。

很順利地，蝴蝶飛來了，超音波裡的肧胎如枝頭脹大的子房，沙沙的心跳聲，像一種神祕的能量，召喚著生命。

噁心、水腫、躁熱、味覺的詭異變化……她專注地體會並想像著：生命裡孕育著另一個生命，是怎樣的一種奇蹟？

生命的孕育彷彿是道繁複、精細卻脆弱的魔法，任何咒語都可能破壞它，沒有人有把握，是什麼能將生命安全地帶到這個世界。

就像十九世紀前的女人那樣，唯有嬰孩順利產出，你才能安心地確認，你真的懷孕了，而生命也真的降臨了，不僅僅只是一場祕密般，真實的夢！

沉浸在喜悅之中，她忍不住洩漏了祕密。而在祝福裡頭，難免挾帶了許多關於禁忌的提醒：

別舉重，別爬高，別搬家，別釘釘子，別拿剪刀，別被拍肩膀，別穿高跟鞋，別參加婚禮，別戴耳環……

別喝咖啡，別吃薏仁，別吃木瓜，別沾醬油，別吃螃蟹，別喝茶，別吃冰……

「可是我突然變得好想吃冰淇淋喔。」原本不嗜甜的她，躁熱地向先生抱怨。

「你確定嗎？」先生皺著眉問她，分不清這是撒嬌還是命令。

「好奇怪喔！就突然好想吃啊！」她的腦海一直浮現對冰淇淋的想像，彷彿非吃一口，才能讓自己平靜下來。

「你自己不是說別吃比較好嗎？」先生疑惑地問。

「這不是我能決定的啊，我的身體裡現在還有別人欸！一定是他想吃，害我這麼痛苦。」

「既然不是你想吃，那就先忍下來吧？」

「哼！反正難受的又不是你。」她翻著白眼說：「我看這傢伙這麼愛吃冰淇淋，我們就叫他『冰淇淋』好了。」

「好啊！感覺很甜，很幸福欸！」先生鬆了口氣，笑著說。

「你一定覺得是女兒喔？」

「你怎麼知道？」

「看你的表情跟語氣就知道了。女兒才甜啊，比你老婆甜啊！」

「呵呵，如果兒子也很甜，也很好啦！」

「反正比你甜。」她別過頭去，繼續想像著冰淇淋的滋味，也想像起嬰孩柔軟滑嫩的肌膚，與甜美濃郁的氣息。

她好想好想，現在就品嘗一口。

然而，他們從未等待到，冰淇淋就融化了。

她還記得那天，超音波室冰冰涼涼的，肚皮上的凝膠也冰冰涼涼的，但她的身體卻感到發燙。

六週小生命輕巧的心跳聲，從黑暗中傳來，彷彿專注的腳步聲，正開始一小步一小步，展開一趟遙遠的旅行。

「聽起來很不錯呢！」醫師瞇起眼微笑著說。

「是嗎？」大家都說聽見心跳聲就可以先安心了，但她不知道怎樣的心跳聲，聽起來才算是強壯、健康。「那有什麼要注意的嗎？」

「嗯……你不抽菸，不喝酒，身體也沒什麼疾病，好像還好欸。」醫師將眼睛從螢幕轉向她。「有什麼擔心的嗎？」

「我想吃冰淇淋……」她說著，聽見了自己愈來愈快的心跳。

「呵呵！」醫師的笑聲穿透了口罩，是種輕鬆卻又帶點憐惜的笑聲。「不敢吃冰嗎？呵呵，別擔心，今天就放心吃吧！聽到小寶寶的心跳聲，該好好慰勞媽媽一下啊！」

「真的沒關係嗎？」先生一臉擔憂地問。

她瞪了先生一眼。

「我們不覺得有關係啊！至少今天，值得好好慶祝一下吧！」醫師以肯定的眼神看著他們說。

那一刻，她的心跳才緩緩安定下來。

他們到了前往醫院的路上總會經過的手工冰淇淋店，冰櫃裡排列整齊的長方銀白鐵盒，盛滿五顏六色的冰淇淋，彷彿活著的小生命，靜靜睡在保溫箱裡。

「你也想吃嗎？」她一邊隔著玻璃欣賞，一邊問先生。

「本來沒特別想，現在看到就想了。」先生也盯著冰櫃裡頭瞧。

「知道我的感覺了吧。」她悶哼了一聲。

「好像終於有一點了。」先生白目地回她。

她又瞪了先生一眼，心裡頭卻有種說不上的溫暖。

她點了覆盆子，先生點了抹茶，他們坐在冰涼的店裡，一口一口以體溫融化幸福的滋味。酸酸甜甜的，她摸著肚子，品嘗著未知亦複雜的一切。

那一晚，她是幸福的。

過了幾天，她突然感到下腹一陣悶痛，在公司的廁所裡，眼淚與血塊一同流了出來——她知道，她將期待打翻了。

「對不起，對不起！我沒想到……不對，我本來就知道的……」她打電話給先生，不斷地哭著。

她無法不想起那濃郁而暗紅的覆盆子，聚生的果實就如分裂、膨脹的胚胎，吸飽了血與蜜，甜美卻脆弱。如今，那成了冰淇淋，被打翻的冰淇淋，在她體內融化，然後，灼熱又冰冷地流出。

「先別急，你等我，我們去醫院檢查一下，可能只是小出血而已。」先生安慰著說。

「對不起……我真的知道，寶寶已經……對不起……」她繼續哭著。

當躺在冰冷的超音波室裡，以空洞的眼睛看著空洞的子宮時，她的淚已乾了。

從此，冰淇淋成了禁忌，她怕著、避著、恨著，卻又牢牢記著。

為了安撫內在的心魔與外在的嘮叨責難，她不再觸碰禁忌。

世界彷彿貼滿了符咒，她只能護著肚腹，縮著身子行走。生命是魔法，死亡亦是，而她已沒有勇氣與力量去驗證，無知的到底是這世界，還是自己。

血與淚皆已乾涸，她只求平靜，平靜到足以聆聽孩子的心跳便好。

然而，生命還是殘忍地對待她，所有的魔法最終都變成咒語，她不斷地流產，不斷地面對期待與緊接的失落。

毫無喘息的餘地，毫無平靜的片刻，她真的什麼都沒做，也什麼都做了……這時，她卻什麼都做不了。

「為什麼會這樣？真的找不出原因嗎？總有什麼辦法吧？」她奢望醫師的白袍底下真的有魔法。

「有時就是會這樣，我們再努力看看吧！」醫師哀傷的眼神裡透露了真誠的無助，理解了她，卻無法給予任何安慰。

她被轉介到風濕免疫科，醫師做了幾次檢查，看著那些紅黑相間的數字說：「這些指數都還好，很難說是什麼診斷，只能說，你某種免疫功能特別敏感，該關上的時候沒關上。」

夫妻倆研究過許多資料，一知半解地聽著。她問：「是我免疫力不好的意思嗎？」

「也不是那個意思，不是好不好的問題，應該說是『失調』。簡單講，就是你對你的孩子過敏，所以身體就把他當作刺激物排除掉了。現在我們要做的，就是試試一些藥物，讓你的免疫恢復平衡，不要那麼敏感，讓它知道你懷孕了，寶寶是你邀請來的客人，不是壞人，這樣才能讓懷孕順利繼續下去……」醫師努力地解釋，但終究無法完全解答。

已知永遠追趕不上未知，她稍稍知道懷孕是什麼感覺，但仍不知道擁有一個孩子、生下他、擁抱他、哺育他、逗弄他，甚至斥責他，究竟是怎樣的感覺。

那對自己的孩子「過敏」呢？這是什麼意思？

那是心理的抗拒、身體的排斥，還是潛意識裡的厭惡？母親怎能對孩子過敏！難道那不是真心的渴望，真摯的愛？而只是一場終究流產的騙局，欺瞞不了自己身體的謊言？

她無法不感到羞愧與罪惡，「過敏」像一道咒語在她腦中縈繞，攪動出太多太多聯想與隱喻，卻沒有任何一項是與愛有關。

彷彿是她親手殺了自己的孩子。

類固醇、阿斯匹靈、奎寧，還有她分不清的免疫抑制劑還是調節劑……醫師調製了許多種藥水，卻還是不能破解咒語——那或許比不孕還殘忍的咒語：「你可以懷孕，但永遠生不下孩子。」那是生與死面對面的碰撞擠壓，不斷不斷地剝奪、吹滅、硬生生摘落，比從不給予還痛，比絕望還令人絕望。

她開始覺得，如果這時還懷抱任何希望，都是一種自我欺騙。

她的子宮是一座沙漠，又像一盆爐火，除非她能找到永不融化的「冰淇淋」。

好友知道她這幾年的折磨，約了見面，想好好說說話。

那是間黃褐木頭，漆上紅綠豔亮油彩的墨西哥餐廳，恍如朵朵燃燒的仙人掌花，綻放在沙漠裡。

她其實不是很想赴約，心裡滿是陰影的她，空無一物，能夠燃燒的只有憤怒。但她明白朋友的善意，也擔心自己會一直躲在陰影裡頭，於是疲倦地勉強了自己。

只是，她依然很難穿透哀傷，似乎唯有帶著刺，才能像仙人掌一樣，在沙漠裡存活下來。

一坐下，朋友關心的眼神就像灼熱的太陽，讓她感到乾渴刺痛。四周過度明亮的色彩，毫無遮蔽，無處躲藏。彷彿沒有自己容身之處的一場盛宴，笑聲、歌聲、吉他聲，酒杯清亮的碰撞聲，像沙漠的陽光一般充沛張揚。

這是點燃火把，舉杯歡慶的地方，不允許軟弱與悲傷。

但她早已燃燒殆盡，在她眼裡，紅色是血，綠色則是產檯上擦拭死亡的布單。

「呵呵，我都忘了芙烈達也是墨西哥人啊。」她彎起辣椒般鮮紅的唇說。

朋友一愣，順著她的目光回頭，看見牆上掛了幅色彩豔麗的芙烈達自畫像。

芙烈達是墨西哥著名的女性主義畫家，但在看似桀傲不馴的濃眉底下，其實是深受女性角色綑綁而流盡淚水的眼睛。芙烈達和她一樣，被反覆的流產折磨著，而最終，未曾產下自己的孩子。

這面芙烈達的牆應是藍色的，如鍾文音在記述拜訪芙烈達故居「藍屋」的短文〈所有的事都因愛而完成〉中所寫：「卡蘿日記寫鈷藍色的意義是電與純淨和愛，深藍色是遙遠、溫柔。」

而如今，這餐廳的牆是澄黃色的，是陽光、溫暖與豐收。

那不是芙烈達的顏色，也不是她的顏色。

「啊！對不起，我沒注意到。」朋友尷尬而歉疚地說。

餐廳裡的畫作都是挑選過的，有花、蝴蝶、猴子、鸚鵡、蜂鳥、戀人，與無論是愛戀、寂寞或冷酷，依然都美麗而驕傲的芙烈達。

沒有鮮血、眼淚、剖開的心臟與死亡。與她記憶中的芙烈達全然不同。

「沒關係，是我太敏感，不是你的問題。」她微微一笑，像忍著痛那般。「醫師都說了，是我的體質特別敏感。」

一陣沉默後，不知所措的朋友問：「不然，我們換個位置好了？」

「不用了，反正我現在沒懷孕，總不會再憑空流產了吧！呵呵。」

她腦中清晰地浮現那張芙烈達在冰冷金屬板上完成的畫作〈亨利．福特醫院〉（Henry Ford Hospital）——遠方地平線上是矗立著煙囪的工廠，垂著眼淚的芙烈達赤裸地躺在染血的病床上，紅色的緞帶自她的腹部與六個物件相繫：蝸牛、蓮花、骨盆腔、不知名的機器、下腹部的縱剖模型，與死去的男嬰。

那是芙烈達再度流產後，關於死亡、哀悼死亡與對抗死亡的畫作。

「卡蘿的肉身在她還活著時就已然和死掛在一起，生與死彼此為鄰，死是她每日必須交手的朋友。」鍾文音如此寫道。

「真的很抱歉，我明明知道你已經很難過了……」朋友哽咽地急著解釋。

她終於也忍不住掩面啜泣了起來。「真的要說對不起的人是我……對不起，我不應該對你生氣，但……」

她既羞愧又哀傷，不知該對誰生氣，那苦痛是極其孤獨而內在的，像一個未完成的祕密，沒有人可以理解、確認和靠近。

她甚至懷疑，從未真正成為母親的自己，是否有資格承受這屬於母親的哀傷。

鍾文音引述了芙烈達的話：「我畫我自己是因為我經常孤獨一人，因為我知道最清楚的對象是我自己。」

芙烈達是孤獨的，她也是，而她們彼此都安慰不了對方。

懷孕前，她在《痛並快樂著——燃燒的芙烈達》書中讀到了這段話：「我想要有自己的孩子，這個想法遠比就算沒有孩子也沒關係的理由更為強烈，只要能把孩子生下來，身體承受多大的折磨也都無所謂。」

當初，她為此感到哀傷與感動，而今，她視它為咒語。

再也再也無法破解的咒語。

於是，她來到了診間，徬徨、愧疚而無助，如一只布滿傷痕與孔洞，隨時都要碎裂的容器。她被自己所輕蔑的一切詛咒了，她戰勝不了禁忌，戰勝不了命運，也戰勝不了自己的恐懼。

「我失控了，我覺得我好像變成了另外一個人，我背叛了自己，相信我不應該相信的事，害怕不應該害怕的東西，我覺得……我變得好愚蠢，心裡頭只有憤怒憤怒憤怒……」她用力緊握自己的憤怒，流著淚說。

反覆流產似乎是她唯一的故事，她已厭倦得不想再提。一次又一次，所失去的應是不同的生命吧？但相同的故事，已讓她分不清那些哀傷有什麼不同了。

一再的傷痛使人益加脆弱，**而脆弱的時候，人總很難相信自己。**

「經歷了這些，你當然有權利擁有任何情緒，那些傷是很痛的，沒有人可以告訴你，你該怎麼回應這些痛。」我說。

「情緒也會影響孩子不是嗎？但我已經掌握不住自己的情緒了，我開始不相信自己能夠……甚至開始害怕懷孕。或許，真正讓我流產的就是這些情緒、這些想法，是我自己……」

她自己成為了咒語本身，而這更令她感到愧疚。

「我開始懷疑，我是不是已經沒有能力去愛了，我是不是根本就不想擁有……我的孩子。」她哀傷地幾乎說不出口。「對不起，我不應該這樣想的。」

「你沒有對不起誰。」我看著她，堅定地說。

我相信她，即使她不相信自己，但那些哀傷是如此真實，不正是愛落空後，重重撞擊、碎裂的痕跡嗎？即使不夠偉大，不夠無私，但那已是人性裡最純真、最堅韌的愛了。

無論如何，她得找回力量，找回對自己的信任，即使無法成為一位足夠好的母親，她也是一位平凡、真實且足夠好的人。

「你沒有對不起誰。」我反覆地說著這句話。

相信，才能讓她拾回力量。

明白母親對孩子的影響，並不是為了讓我們有目標去控訴、去究責，而是明白母親的重要及負荷，並珍惜這願以平凡的肉身及靈魂去承接生命的勇氣。

以及，永遠伴隨的脆弱。

「你的責任，只有把自己照顧好。」既然母親如此重要，沒有理由讓她繼續破碎下去，不是嗎？此刻，眼前傷痕累累的她應當優先於一切。「你要做的，不是去壓抑、克制，甚至譴責自己，而是看見自己的傷痛，包容並善待自己。」

足夠好的母親是被需要的，但我們得先看見母親是否獲得了足夠的需要。

她不是芙烈達，過去不是，現在不是，未來也不會是。芙烈達的故事已寫完，而她可以選擇，接下來如何寫她自己的故事。

討論後，她暫時放下母親的角色，擱下藥物對胎兒的風險，回到自身。我們開始面對傷痛，開始治療，開始修補那破碎的肉身與靈魂。

成為母親之前，不能失去自己。而唯有自己，才能為自己做出選擇。

過了好長一段時間，她才將自己拼湊回來。她不再是過去的她，有了缺憾，但也有了新的擁有。而身旁一直陪伴的先生，也經歷了他自己的碎裂與癒合。

時間，讓生命給出了自己的答案。

他們告訴我他們曾討論過領養的可能性，但最後放棄了這個選擇。

「如果擁有另一個孩子只是為了填補我的空虛，麻痺我的哀痛，我想，那是自私且無用的，我依然想念我的孩子，而我的愛一點都不神聖，或許日日夜夜，我都將被一種奇異卻又令人羞愧的感覺困住──那是我的孩子，卻又不是我的孩子……如果我的愛有所猶豫，那是不公平的，」她停了一下，又說：「對我自己也不公平。」

的確，那不是件容易的事，而她也終於學會不勉強自己，接納自己此刻真實的感受。

我彷彿看見她終於將生命穩穩地盛起，只是這次，這生命是她自己。

「為了成為一個母親而去當母親，或許是不必要的。這幾年來，我才真的有時間跟機會去思考自己為何要成為母親？其實我已經是母親了，只是我和我的孩子提早告別，那些記憶、那些感覺，即使只有我自己明白，卻是真實的。

「我失去很多，但我曾擁有，我永遠不會忘記，或許……這便已足夠。好短暫卻也好深刻，幾乎耗去了我大半的生命，真的夠了，夠了。」她輕輕笑著說。

一匙一匙，使勁地朝深處挖著，最後，她就像是被挖空了的冰淇淋鐵盒——**空了，於是盛住了自己。**

她送了我一小盒冰淇淋作為道別禮物。「這是我最愛的覆盆子，也是我最難忘的味道，每次吃，都會想起很多事情。」

「不忌諱了？」我接下了掌心大的盒子，問她。

她笑著搖搖頭。「我只是對孩子過敏，並沒有對冰淇淋過敏喔！」

冰淇淋在我口中融化，濃烈的酸甜讓我不自覺皺起眉，卻又感到滿足。終究是要融化的，但那滋味，卻永遠不會忘卻啊！

懷孕是如此神祕，而母親與胎兒間，又彷彿存在著某種超越生理、難以言喻，卻又不證自明的連結，是情感上，甚至是靈魂上的。

花來自土壤，魚來自海洋，那麼在肚腹裡孕育胎兒的是土壤、海洋，還是某個穿越時空，唯有最神聖、最純潔的靈魂，才得以穿透的宇宙隧道呢？

成為母親是被揀選的，是神聖的，亦是責任、囚禁與獻祭。那是一種極為拉扯的矛盾，是驕傲的特權，卻也是無從選擇的宿命。成為母親，彷彿是生命唯一的目的，也是唯一的意義。

於是，「母性印記」的思想，流傳並深植於歐洲十八世紀的信仰裡：孕婦的想像會影響到腹中的胎兒，形成胎記或者導致畸形。

克萊爾・漢森（Clare Hanson）在其所著的《懷孕文化史——懷孕、醫學和文化（1750-2000）》中提到：「那些支持母性印記觀念的人認為，孕婦的想像受到她們對特定物體的渴望或討厭之情的影響非常強烈，以至於這些物體的物理形狀會對其腹中正在發育的胚胎／胎兒產生影響。」

靈魂總是以神祕的方式回答我們所有難以理解的事情，不是嗎？或許可笑，卻又令人感到哀傷。母親竟有如此大的力量，與如此大的無能為力。

十八世紀晚期，這些荒謬的信仰受到男助產士與產科醫師們的強力反對與駁斥。然而，孕婦並沒有因此獲得自由。

理性與科學依然無法將母親從這令人窒息的連結中釋放出來，情緒對懷孕的影響持續獲得更多的相信與支持，只是它從超越個人的神祕力量，轉變成一種可以被感受、看見、標識且侷限於個人的責任。

彷彿如此，它便可以被操控、被克服、被理性平穩地駕馭。

克萊爾·漢森批評並稱之為「母性責任」（maternal responsibility）：「它鼓勵婦女內化關於其懷孕責任的醫學——社會觀念，並因此而約束自己的情緒和採取適當的（被迫的）行為。」

這巨大的文化框架借用了科學與理性的鉚釘，堅固得幾乎沒人能夠掙脫。

女權主義哲學家瑪麗·沃爾斯考夫特（Mary Wollstonecraft）在她懷孕時的書信裡寫道：「是我應該變得更加理智的時候了，再多一些這樣反覆無常的敏感性，就會毀了我。……我正在折磨或謀殺一個可憐的小生命，它日益讓我感到焦慮和脆弱，而現在我能感受到它的生命存在，這些想法使我變得更加糟糕。」

神性、靈性或理性的爭論，終究也只是人性放入不同的框架時，被扭曲成的某種樣子。

身為母親最渴望的，或許僅是能被以一個平凡的人看待。以人性期盼她，以人性包容她，或許，這便是最人性的溫柔了。

現代的醫學試著穿透懷孕神祕的面紗，看見更多真相。的確，我們看見了更多，看見母親的情緒會影響胎兒的生長，看見壓力荷爾蒙能跨越胎盤，使母嬰成為感受的一體，看見環境能改變基因的表現，子宮是宇宙裡的小宇宙，是環境的一部分，在胎兒出生前，便已成為環繞他的世界。

而父親也未置身事外，他給予的種子自始便埋藏在那兒，等待萌芽，或無法萌芽。

生命不是我們可以掌握的，卻沒有人與它無關。

即便如此，我們是看得更清晰，還是更懵懂？我們看見了，但又能明白什麼呢？

那麼，我們該如何看待所謂的責任？

梨花

迎接生命是愛，告別生命，是更痛的愛

「我幾乎認定自己強壯極了，已能抵禦種種傷心與冷漠，幾乎刀槍不入。現在才知道，那是因為沒有孩子而自己仍是個孩子的緣故。」——李欣倫，《以我為器》

決定需要勇氣，那是一種承擔，是一種選擇面對苦痛的決定。

面對未知生命的取捨，沒人能替你決定，更沒人能夠因此責難你的決定，無論如何選擇，那都是負責的決定。

那樣的愛與痛是私密而孤單的。懷孕，是一種孤單的體驗，生命已然發生，卻仍像僅存於想像裡，但愛已存在，痛也如此真實。

愛很難，放手的愛更難。

超音波室的色調是粉紅色的，以粉紅色的塑膠、泡棉與合板裝潢，儘管如此，在冰冷的空調中依然顯得單調而疏離。

不至於令人感到壓迫，但是疏離，像是粉紅唇色上的淡淡微笑，有禮地邀請你，但無意貼近，與你留下太多連結。這只是一個空間，粉紅色的氣泡貼滿豐腴紅嫩的嬰兒笑臉，試著告訴你：這裡歡迎嬰兒與母親，你可以像在家一樣放輕鬆一些，迎接那即將到來，有著同樣豐腴紅嫩笑臉的孩子。

但終究，不是家。這只是一間檢查室，你懷著未知而來，而所有檢查都隱含著噩耗的可能，即使只有千分之一、千萬分之一……微小到難以想像，你依舊無法安睡。

桃紅色衣服的護理師領她進房間，她躺上床，緩緩挪動沉重的肚子，先生拉上了圍簾，與她一同待在小小的空間裡，她享有短暫的沉靜和最後一口私密的呼吸。

婦產科醫師以高昂的音調喚了她的名，接著拉開圍簾，推著超音波儀器進來。

「媽媽會不會有點冷？這件毛毯給你。來，我們把肚子露出來，忍耐一下，這有點冰冰涼涼的喔！」

她掀起上衣，微微拉低褲頭露出隆起的肚子，那是屬於她卻又不完全屬於她的身體，而暫時，將交付給醫師。

「有感覺到胎動嗎？」醫師邊問，邊在袒露的腹丘擠上冰涼的透明凝膠。

「嗯……還沒有欸。」她帶著困惑的罪惡感回答，彷彿她沒有仔細聆聽這正在她體內醞釀的祕密。

「嗯，現在應該還感覺不到，一、兩個月後就會比較明顯了喔！」醫師在探頭上抹了凝膠，切暗燈，轉頭按著一些微微發光的按鈕。

她短暫獲得安慰，卻又掉入另一種懸空的不安：在她這薄薄的肚皮底下，身體裡竟有一個離她如此遙遠的祕密，看不見也摸不著，只有沉沉的重量。而久久探訪一次的醫師彷彿比她更熟悉這個祕密。

「好，讓我們來看看你躲在哪裡啊？」黑色的螢幕，乳白色的機器，冰冷的房間與冰涼的探頭，就像一場寧靜但令人不安的宇宙旅行，沿著日漸伸展彎曲的弧線無聲地滑動。

她的腹內有個宇宙，而醫師是飛船駕駛，領著她，進入她自己全然陌生的身體裡：從第一次產檢開始，看著光點在黑暗中浮現、閃爍，像銀河流動，星雲匯集。螢幕如一扇太空艙舷窗，她從小小的縫隙窺探，尋找那浩瀚的黑暗中，渺小又巨大的生命。先是那神祕發光的種子，然後是序曲般的搏動，胚胎成形，蜷曲的身體和模糊的臉在無重力的搖籃裡半夢半醒。

我們已抵達新生的星系，等待你為之命名，為之旋轉，為之等待。

李欣倫在描寫她成為母親後種種的散文集《以我為器》中，引用美國女性主義政治哲學家艾莉斯．馬利雍．楊（Iris Marion Young）對於懷孕的比喻：「就好像新生命是從另一個星球飛來，而她坐在窗邊的搖椅上，有時將窗簾拉到一邊，看看太空船是否即將到來。」簡媜在著作《紅嬰仔》中亦將胚胎的成長比喻為小行星的旅程。

偶然但非巧合，不同世代的母親作家皆用了「宇宙」的隱喻，才足以容下生命那巨大的謎。**世上最讓人感到奧祕而不可測的，或許正是生命、死亡與宇宙吧。而生與死其實是同一件事，只是穿越宇宙時，不同階段的旅程而已。**

冰涼的探頭像探測船在星球表面滑動，所有目光都聚攏在螢幕裡流動的光點。

雖然不是第一次看到，但還是令她感到神奇而震撼，那些星點串成的曲線竟與無數網路上的超音波相同，與無數別人的孩子相同。醫師還沒開口說明，她便看見了：那是嘴、鼻子與眼窩，緊緊相連著綿延到額頭的海灣，然後順著和緩的坡，翻越了小巧的頭顱，抵達後山堅強的背脊，撐起了一整片森林。

其實還是不同，這是她獨有的孩子，可以在他身上看見自己和先生的影子。分不清是想像還是真實，但她就是看得見。

「嗯嗯，在睡覺啊。媽媽你看，這是頭……鼻子，亮亮的這是鼻骨，看得出來喔？」

「嗯嗯。」她微微點頭。

「現在他躺著喔，這邊是脖子，來你看，黑黑的這一層叫『透明帶』，我們量一下……嗯，有點厚喔……」

黑暗中發生了無聲的爆炸，她瞪大眼睛看，怎樣叫「有點厚」？她像大多數的母親一樣認真地做了功課，將所有似懂非懂的名詞與數字硬塞入腦裡。她知道這次的產檢就是要測量頸部透明帶……十一週到十三週，然後幾天？正常的厚度是一．五公釐到二．五公釐，平躺的姿勢……染色體、染色體……二十一？是「唐氏症」？……

紛雜的信息在她腦中混亂進出，最後停滯在「唐氏症」這三個字上。

「有多厚？要不要再量一次？是不是量錯了？」

空氣彷彿凝滯了一秒。「媽媽別擔心，我會仔細再量一次喔！」

探測船繼續在星球表面移動，醫師熟練地操作，按鍵發出聲響，鎖住畫面，放大再放大，游標被拖曳著拉長，像一根針插入黑暗。

她迷路了，認不出畫面是停在哪兒，想像中的孩子消失了……到底有多厚？那該死的黑暗到底有多厚？

最後醫生說：「嗯……二．七公釐，真的比較厚一些喔。」

得知懷孕後，她懷著喜悅和不安與先生安排了一次小旅行。

「第一次家庭旅行。」她摸著自己尚未隆起的下腹，笑著對先生說。

適逢冬春交際，生命正甦醒。他們在微雨裡沿著田野邊緣前進，曾走過的風景，如今變得如此鮮麗，她彷彿透過一雙新生的眼睛在觀看世界，目眩神迷。

她吐了好幾回，自己像土壤被新芽掀開，生命的力量徹底接管了她的身體，敏感、脆弱、野蠻又豐富遼闊。氣味、色彩和聲響都化為生命的痕跡與呼喚，她忍不住被蟲鳥、小獸、新葉與花苞吸引，然後不明所以地被濃郁的情緒填滿，流下淚來。

兩人來到一片梨園，潔白的梨花開滿了視野，像枝頭未融的雪。她未曾想像過梨花是如此美麗。果園主人告訴他們，梨花開的季節恰巧多雨，如果雨將蕊上的授粉沖落，樹便結不出果；有些果農將花期提早以閃避雨季，果實多了，卻粗劣而不甜美。

「接受大自然的安排，才能領受大自然的恩賜。」主人像信仰什麼般說著。

「如果是女生，我們就叫她小梨花。男生，就叫小梨子吧！」她告訴先生。先生替她撐著傘，微笑點頭。

雨溫柔又殘酷地下著，生命也堅強而脆弱地承接。農場主人的話反覆浮現在她腦中。

生命一向從未知中誕生，然後繼續往未知前去，而此刻說定了小名，就彷彿生命已授粉著果，具體成形。她撫肚輕輕喚著，在心中緊緊抓牢了臍帶，想像愛已能被聽見。

「小梨，要乖乖長大喔！」

這趟未知的旅行將能安然完成……

是吧？

兩週後，唐氏症篩檢報告出來了，1/190。醫師建議再兩週等羊水充足，做羊膜穿刺。

1/190？多麼詭異的數字，一個東西該如何切成一百九十份？那是多，還是少？

「一定要做嗎？」已等了兩週，還要再等兩週，然後再兩週才能知道結果，她痛恨這令自己無能為力的等待。

「通常大於 1/270 就是高風險，我們會強烈建議，這樣媽媽也比較能安心……」

「為什麼你們不能把報告改成百分之多少？1/190，這是什麼奇怪的數字！」

聽到「安心」兩個字，她突然被刺痛而惱怒，腦中一團混亂，分不清 1/190 和 1/270 誰比較大，何來安心！

從那趟旅行回來，她得了場小感冒。

「這和感冒無關啊！何況根本就還沒確定。」先生想幫她整理腦中的秩序。

「如果是呢？」未知是沒有秩序的，無論是 1/190、1/270 或 1/1000，她肚裡唯一的孩子就是那完整而無法分割的「一」。「如果是，要生下來嗎？」

「先等結果再說吧……」先生貼著她，不再說話。

那次產檢之後，她不再喚孩子的小名，她想保持疏離，就像面對毫無感情的陌生人。

那就只是一個曾意外相遇然後分離的物體，跟一窩未能孵化的蛋一樣，甚至是賣場冷凍櫃裡那一盒盒分辨不出差異的蛋，那些都尚未成為生命，而自己也尚未成為母親——她得一再地這樣告訴自己。

她害怕任何殘留的親暱，都會讓她無法告別，一旦成為母親，她就有了孩子，而失去的哀傷將永遠停留在她體內。

「放輕鬆，像打針一樣而已喔！」在冰涼的檢查室，醫師的聲音又像從宇宙傳來。

其實她一點都不緊張，哀傷反而大過了一切。宇宙裡，蜿蜒的輪廓隱隱浮現出天真的臉，沉浸在寧靜、祥和的羊水裡。如果她也能如此一無所知，該有多好？

「多久可以知道？」其實她曉得，但還是問了。

「大概兩個星期，如果早點有結果，我們會盡快通知你。」醫師的眼裡閃爍著祝福。可惜未知的宇宙太大，而那祝福的光芒太小。

在等待的過程中，她感受到了胎動，難以言述卻又如此真實，她忍不住流著淚回應：「小梨，你睡醒啦？」

感情怎能偽裝？即使她可以與世界保持距離，否認外在的一切，但要如何跟自己體內的世界保持距離呢？那是她正孵育著的祕密，沒有人能竊取，也沒有人能幫忙保管。**全世界都可以假裝**

這生命未曾存在過，唯有她不能，她是唯一聆聽且回應的人，她不能。

她只能等待。

簡媜做了羊膜穿刺，等待報告中的她說：「那二十一天的我，如無辜者被押入黑牢。」李欣倫也做了羊膜穿刺，「不痛，但眼淚竟無聲滑落。」她為此寫了許多字，不得不寫，一筆一畫皆真實而赤裸，深刻疼痛著，彷彿如此，她才不會遺忘曾經的路，又或者她才能繼續前進。「就算報告結果正常，也不代表孩子百分百正常。這是什麼意思？我反覆思索這如神諭般的話。」她寫道。

「我想把他生下來，即使……」她告訴先生。

「你確定嗎？」先生看著她閃避的眼神。

「我確定。」她答得很快但很輕。

先生深嘆了一口氣。「那……我們何必做羊膜穿刺？」

「是我，不是我們。」她說。

先生愣了一下。「我知道，那你何必——」

「知道了，可以提早做準備。」她搶著回答，其實她發現先生在悄悄蒐集唐寶寶的資料，她想打破沉默訴說、呼救，想要確定自己不是孤單一人。

「我也很捨不得，只是這樣會很辛苦。」

「我知道，可是……」她流下淚來。她不懂，先生到底是靠近她，還是在遠離她。

「只要你確定就好。」先生依然溫柔地看著她的眼睛說。

「我不確定啊！我怎麼可能確定？為什麼我得做這麼殘忍的決定？為什麼？你不能替我決定嗎？醫生不行嗎？為什麼沒有人可以替我決定！」她崩潰地哭泣，腹裡的胎動也劇烈得宛如掙扎。

醫師不是神，母親也不是神，**在未知的命運面前，我們只能選擇，無法決定。**

此刻，她想像著厄運，又渴望奇蹟，於是種種科學與數字都失去了理性，醫師只是白袍巫師，而檢驗猶如占卜，無論她多麼虔誠都擲不出聖筊，擺脫不了絕望。

她被生命與母親的十字架壓垮，**像所有無法對抗命運的女人一樣：墮胎、流產、送養孩子……背負著自私無愛的罪名，獨自承受著矛盾的哀傷。**

彷彿她們不配，擁有那種哀傷。

她無法再平靜地等待，哀傷地來到了診間。

「我不想這麼難過，但一想到我有這種念頭，又覺得自己好自私。」她哭著說。

「如果真的自私，你就不會這麼矛盾和痛苦了。而且還不知道結果，不是嗎？」我說。

「但我已經有了那樣的想法啊！醫師，你知道嗎？這陣子我都不敢吃，我很怕寶寶長太大，那到時候我的悲傷就會更大……」她說不清自己的想法，但感受是如此強烈。

小小的死亡就可以假裝不是生命，小小的告別就能夠隱藏哀傷，若是小小的孩子，痛也就可以小小的吧……

心理學大師羅洛．梅（Rollo May）在《愛與意志》中，談到了類似的議題。「避孕技術所導致的另一個個人責任難題，是來自人們擁有了選擇是否要生小孩的自由。……這個罪惡感從一開始決定要生小孩的當下，就已經緊緊尾隨著我們。因為現在，生小孩這件事再也不是神的旨意，而是我們自己的決定。」

自由與責任，選擇與承擔，生與死。

「無論如何，悲傷是一定的，而且你已經以母親的方式在悲傷了，這不就是愛嗎？你用了最大的勇氣替他做了決定，這是負責，而不是自私。你明白現實及生命的殘酷，愛的美麗、疲憊與堅韌，你也明白愛不能戰勝一切，只能包容。苦痛依舊存在，只是愛讓它變得柔軟一些。**不要懷**

疑自己的愛，任何決定都是因愛而做的，你想像著孩子的痛苦，承受他的痛苦，你已經在奉獻母愛了。**身為母親，迎接是愛，告別是更艱難的愛。**」她的眼淚裡充滿了愛，我讀著那些愛，一點一滴地讀給她聽。

李欣倫也有同樣的迷惘，她寫道：「究竟是在檢測胎兒還是測試我自己？測試我對異常生命的包容。」

沒有答案，只有愛。

電影《24週》中的母親，在脫口秀舞台上是個自信、耀眼的堅強女性，她挺著肚子，以堅定的眼神及語言向觀眾宣告她懷孕了，且將繼續留在舞台上。

但在面對醫師的宣告時，她徬徨、黯淡又脆弱——唐氏症，然後是先天性心臟病，智慧與血液都會在她的孩子小小的軀體裡迷路，然後消失……她無法抗議或反駁什麼，她的語言不再有魅力能主導一切，沒有劇本，也沒有幽默的機智，只有不斷的疑問、猶豫、憤怒與沉默，然後再提出疑問：是留下寶寶，被命運選擇？還是道別，選擇命運？沒有人可以回答她，腹中的孩子也是。

最終她做了選擇，孤身前往人工流產的醫院。

在醫院準備住院時，桌上擺了一小瓶綻放的白花，瓶裡的水幾乎乾涸，她沒多想，專注地為它填注了水。**在即將告別一個生命時，仍掛念著另一個生命，那是自然而然的，母親以液體餵養生命。**而白花，與梨花一樣無辜、柔嫩而潔白。

這只是極安靜而短暫的片段，卻是我心中最難忘的「刺點」。如李欣倫在《以我為器》中引用的：「所謂刺點，巴特說：刺痛我者。」

那哀傷與不捨將生命的殘酷徹底掀開，我們只能卑微地守護一朵花，卻無能去承受一個孩子的苦痛。捨棄一個生命前，不忘照料另一個生命，是補償，或是天性？彷彿舔舐著自己的罪惡感以祈求原諒，在生命之前坦誠地懺悔。

但，這不就是愛嗎？百般折磨著，自私而勇敢，告別所愛，亦愛我們所告別的。這是愛嗎？沒有答案，我們只能自己回答：是的，是愛。

幾個月後，她和先生一同帶著小蛋糕與背帶裡的小娃兒一起來到診間。她仍憔悴，但眼神是喜悅的。娃兒戴著綴上白花的毛帽，圓滾滾的眼睛好奇地張望，一點逗弄就能換得甜美的笑盛開在那白嫩的臉龐上。

「這是……梨花？」我問。

「是啊！後來檢查正常，我都白哭了。」她笑著說。

「就像農場主人說的那樣吧！」我突然想起了那句話。

「是啊！只是我永遠猜不到上天要做怎樣的安排啊！」

「別懷疑自己的愛就好，無論是什麼選擇。」

她微笑點頭。「這是蜂蜜梨子蛋糕，跟你分享我們的喜悅。」

「喔！謝謝，這也是大自然的恩賜啊！」

這時梨花突然哭了起來，圓滾滾的眼睛裡也是圓滾滾的眼淚，臉龐滲出了紅暈。是傷心嗎？這傷心卻讓我們感染了生命嚎啕的喜悅。

梨花帶雨，潮濕的生命充滿力量地掙扎著，準備盛開。

我們不能決定，但可以選擇——選擇愛，選擇寬容自己，選擇原諒所有那些並非出於惡意的傷害，選擇坦承我們在現實裡的脆弱，選擇承擔，選擇疼痛地告別；選擇為無法選擇的孩子，做出抉擇；選擇成為願意勇敢抉擇的父母。

縱使痛又無助，但還有愛。

這世上有所謂的「百分之百」嗎？百分之百的愛，百分之百的付出與陪伴，百分之百的幸福與平安？

不會有差錯或遺漏嗎？沒有偶然與意外，或者殘忍的玩笑？或已註定的那些失落與遺憾？

誰能保證我們的期待不會落空，希望不會化為烏有，不求回報的愛不會荒謬地石沉大海，彷彿不曾存在？

要有多大的勇氣、多麼強韌的心與寬容的愛，才足以承受世界的殘酷捉弄，面對毫無預兆地隨時闖入生命的狂風暴雨，將你所盼、所愛，毫不留情地奪走。

或許這就是愛吧，卑微又驕傲的愛。

已然愛了，即使受傷、流淚，也不因而收回，因而後悔的愛。

PART 3

那離不開的心

有些愛，發生在理解之前。
有些陪伴，發生在分離之後。

膠囊
分離的焦慮

我們的身體裡有一顆類似膠囊的東西包裹著我們的心，種種哀傷、幽暗、難以靠近卻又渴望被吞服的，都包藏在那顆「膠囊」裡頭……

分離，從來就不只是誰離開誰而已。
從任一方望去，對方都在逐漸遠離。

依附是兩端的連結，因此分離，便是兩端的撕裂。
身為父母，並不總是如此堅強，也並非得總是假裝如此堅強。
空了的巢，分離的焦慮，即使長了、老了，孤單，從未消失，或變得比較輕柔。

她的面容焦慮而憂傷，雙手不安地緊緊揪著，久久說不出話，腦裡像有團糾結的毛線球，尋不著線頭。

我看著動彈不得的她，試著輕輕扯動。「是怎樣的問題呢？」我問。

她抹著淡淡的妝，頭髮有勉強整理的痕跡，淡淡的香味很小心地在空氣中飄著，像是不得不卻又害怕被發現似的。那是一身輕薄的禮貌，也是偽裝，但輕薄得什麼也支撐不了。

輕輕一扯，什麼便都要垮下來了。

她吐了一口氣，彷彿那才是心裡頭真正的氣息，然後，她的手揪得更緊，像快喪失力量般地顫抖，眼淚也失去支撐地落了下來。

「我很擔心我女兒的狀況，我怕我會失去她……」她很勉強才將話說完，卻說不完她的哀傷。

她是一位尋常的母親，溫柔而關愛孩子，尋常的家庭也就如此溫柔地被照料著，安穩而平靜地，在生活中飄散著淡淡的香味。

一雙兒女長大了，先後離家，紛紛至北部念書。**她有些孤單，但告訴自己這些分離是必然的，自己得學會承受，別驚動別人。**

這樣的「安靜」就是她的溫柔，一直以來，她都是如此，幾乎毫無任何尖銳與粗糙，她的愛就如淡淡的香氣滲透於生活裡，從不驚擾人，但當你需要時，它就會在那兒，清晰地浮現出來——像夜裡被蓋上的被子、總是摺好收妥的衣服，以及不知何時已被歸回原處的物品。

她很少主動打電話給孩子，總是等待。在兒女打來的電話中，也都只是溫柔地聽著，偶爾含蓄地問問天氣，問問孩子要她寄上去的東西收到了沒。她克制著自己的好奇心，想像著話筒遙遠的那一端，她難以想像的生活。她將孤單與擔憂小心地收在身上，不遺留半點在孩子心頭。

「別給孩子負擔。」她不斷不斷地提醒著自己。

所幸，孩子們也惦記著她的香氣，兒子跑得遠了些，但女兒常打電話回來，總是在週末的深夜抓著她，嘰嘰喳喳說個不停。

她隱隱覺得，那是女兒最脆弱的時刻吧。即使女兒興高采烈地說著那些不停旋轉綻放的生活，但她就是知道。

身為母親的她，卻也什麼都不知道。

幾個月前，女兒開始在電話那頭哭泣，她焦急忐忑，卻還是猶豫著不敢多問，只是輕聲地安慰著：「沒事，沒事。」

她默默陪伴著女兒流完眼淚，卻止不住自己的淚。

過了一陣子，女兒告訴她自己去看了醫生。

「醫生怎麼說？」她忍不住問女兒。

「是輕微的憂鬱症，我吃了藥，慢慢好些了。」女兒語氣淡淡地說。

但她一點都沒有好些。

憂鬱早就從電話那頭滲透過來，生了根，扎進她心底。她每天都在想：女兒的眼淚裡頭到底在說些什麼？到底是怎樣的哀傷，讓女兒的生活停止旋轉？那個她從小到大細細守護的小小心靈裡到底破了多大的洞？經歷了怎樣的痛？

她開始失眠、消瘦，疲倦的身體與腦裡堆起了滿滿的恐懼與疑惑。

「憂鬱症是什麼？她會自殺嗎？」她哭泣著問。

「憂鬱症就像你現在感受到的一樣，很難過，很哀傷，失眠，吃不下，生活中連一點點的快樂都找尋不到。但每個人的憂鬱都是不同的，我不知道你女兒的狀況，可是聽起來，她正在努力地面對她的憂鬱。現在在這裡，比較重要的是你自己的憂鬱。」我試著將她的思緒拉回她自己身上，讓她看見自己的哀傷。

她回診了，也按時吃了抗憂鬱劑與安眠藥，但她腦中仍滿滿是女兒的哀傷。

她不斷想像著：那殘忍的憂鬱到底長什麼模樣？跟正在她心裡頭啃噬的一樣嗎？女兒是否也同樣失去了某個重要的東西，感受著同樣的孤單與哀傷？

而那些藥，又偷偷在女兒的心裡做了什麼？

為什麼自己什麼都不知道，母女不是應該心靈相通嗎？她是否做錯了什麼？是不是她安靜了太久，才讓那個神祕的通道封閉了……

她一無所知，只覺得自己正在失去女兒。

一次回診時，她怯生生地問：「醫師，我可以吃百憂解嗎？」

「嗯？是什麼原因呢？」我問。

「我女兒也在吃百憂解，我想知道那是什麼感覺。」她從我的目光中逃開，低聲地說。

我不禁想起麥可．葛林博（Michael Greenberg）在描述女兒罹患躁鬱症過程的《心裡住著獅子的女孩》這本書中，寫下的他自己——那是一位看著女兒被突如其來且陌生的「狂躁」闖入、霸占，而承受著巨大、沉重哀傷的父親，他的哀傷一如女兒的狂躁，是頭難以馴服的獅子。

他自責、恐懼，因為將女兒送入禁閉的醫院而認為自己拋棄了她，也因無法進入女兒的內心，而感覺被拋棄。

在書的開頭，他便絕望地寫道：「她究竟去了哪裡，我猜也猜不到，夢也夢不著，只知道我必須一把抓住她，拉她回來。太遲了。我和她之間的交集瞬間消失……一夕之間，全都化為烏有。」

他不斷地陪伴，卻也不斷地失去。

「我等不及莎莉從無情的火球底下生還，索性嘗試透過她的眼睛看世界。」於是他一把抓住女兒正在服用的藥吞下。

「過渡客體」，是兒童精神分析大師溫尼考特（Winnicott）從兒童與父母分離，形成獨立自我的過程中發展出的概念：面對分離的焦慮，孩子會緊抓著一個物件藉以安撫自己，像是一個玩偶、一條毛巾、一串手鍊或一首曲子。

在這個過程中，「過渡客體」替代了父母，卻又獨立於父母之外，像是一座橋，不在此岸，也不在彼岸。在橋上，**父母的存在獲得一個象徵性的過渡空間**，孩子可以一邊前進，一邊回頭看見父母，於是能夠從分離的殘酷現實中得到一點想像的喘息，而「想像」正是我們得以在現實中存活的巨大力量。

無論是氣味、聲音或觸覺，那像是從父母的影子裡細細切下一小塊，然後收藏入自己的影子裡。細細切下了，於是影子有了自己的輪廓；也細細收藏了，於是可以安心地慢慢踩著自己的影子，往更遙遠的旅程前進——影子裡，有母親的淡淡香味。

溫尼考特說，那像是一個**「休憩處」**。

這是孩子的休憩處。那父母的呢？父母該如何看著孩子遠去，而不去追逐？該如何讓孩子帶走一小塊影子，而不讓自己碎裂？是否，父母也能留下一小塊孩子的影子，以安慰自己縱使磨出了繭也終究脆弱不堪的心？

分離，從來就不只是誰離開誰而已。從任一方望去，對方都在逐漸遠離。

她面對孩子的情感一直是矛盾的：緊緊跟著，卻又保持距離。她以為自己可以一直用這種最安靜、最溫柔的方式，讓自己的影子消失，實現她所以為的分離。

然而，**其實她根本從未準備好分離**，她只是小心地不發出聲響，假裝若無其事，假裝不打擾對方就是接受了分離。

終究，一場憂鬱打破了這樣表面的安靜，讓「分離」的現實轟隆隆地落在她眼前，將她內心的焦慮殘暴地拉扯出來，於是她慌亂地尋找孩子的影子，尋找窺看孩子內心的洞口，尋找能夠安慰自己的「過渡客體」。

但她抓住的是一顆膠囊。

那顆膠囊裡只有她自己的焦慮：焦慮自己不夠靠近，焦慮自己終將與孩子分離，於是她想要與孩子緊緊地連在一起，裹在同一顆膠囊裡。

我沒給她百憂解，因為她是她，女兒是女兒，而她的女兒也不在那顆神奇的綠白膠囊裡。

我試著告訴她：「不是非得吞下同樣的膠囊，你才能理解女兒的感受，也不是非得理解所有的感受，才能去陪伴，去關愛。『傾聽』恐怕比全然的理解來得更困難，更何況，無論你的女兒感受到了什麼，我相信，你都不會離去。」

有些愛，發生在理解之前。有些陪伴，發生在分離之後。

她靜靜地聽著，沒有拒絕，也沒有同意。

電話那頭，女兒逐漸恢復了笑聲，她告訴自己可以不用那麼擔憂了，但心還是懸著，像變得很淡、很淡而失去了重量的影子那樣懸著。

某個週末，女兒回到家，拉著她坐在床邊說話，兩人的影子輕輕地疊在一起。她靜靜聽著，握著女兒的手，見那笑容有了溫度，心中終於踏實了些。

忽然，女兒停了下來，看著她一會兒才哽咽地說：「媽，謝謝你陪我說話，每次你這樣靜靜聽著，我都會想起小時候你哄我睡覺的樣子，我會覺得很安心很安心，好像什麼都不用害怕了。」

她不自覺地握緊了女兒的手，也流下淚來。

「其實前陣子，我很擔心……」她終於開口說。

「我知道……謝謝你，媽。」

「啊，你知道啊？」她喃喃地說，既驚訝卻又安心，像一個祕密被小心地接住了，自己的影子也輕輕地穩穩著了地。

「是啊，我當然知道啊！」女兒輕聲回應，像母親般那樣地溫柔。

分離的困境在於我們無法抵抗分離的現實，卻也無法阻止分離的焦慮。這樣的拉扯恐怕是一輩子的難題，但至少，**不逃避、隱藏這些焦慮，才能試著去安頓它們。**

直到有一天當我們發現：我們與孩子靠得很近，卻終究距離遙遠；我們離得雖遠，卻也靠得很近。

一如我們愛得很淡，卻也愛得很深。

很多時候，個案會拿著五顏六色的藥物來讓醫師「猜謎」，面對著沒有處方上的名字，只有赤裸裸的錠劑或膠囊本身，很遺憾地，經驗淺薄的我也是同樣茫然。就像新手父親突然闖入新生兒房裡，面對著被撕去姓名貼條，從同樣顏色包巾中露出的數十張皺巴巴、哭泣著的小臉，天旋地轉地，總認不得誰是誰。

但偶爾碰到一些熟悉的藥物，我卻能很有把握地指認出來，或許是因為上頭刻印的特殊符號、特殊的顏色，也或許只是因為熟悉。

就像那熟悉的綠白膠囊——熟悉的百憂解。

儘管如此，那樣的熟悉似乎也只是表面的，我未曾拆解膠囊，細看裡頭的顆粒粉末。那麼，百憂解對於我的意義，到底是寄宿於那鮮亮的綠白色外衣上，還是藏在幽暗的裡頭呢？

膠囊隔離了藥物的氣味，阻擋著藥物的刺激性，藉著隱藏真實的本質，讓劇烈的那部分本質可以被人更和平地接近與接受。

那是一種保護，保護著真實裡的脆弱。

我不禁想像，我們每個人的身體裡似乎也有一顆類似膠囊的東西，包裹著我們的心。我們種種哀傷、幽暗、既灼熱又寒冷的，難以靠近卻又渴望被吞服的，都包藏在那個膠囊裡頭。

那麼，看著那些膠囊，還能夠認得裡頭的心嗎？還能認得誰是誰嗎？
對父母而言，孩子的心也像是顆堅硬的膠囊吧。

椅子

自卑而失落的父親

屋裡沒有椅子，他兩手空空地孤立在那兒，像被隔在一道透明的牆後頭。習慣了，但其實還是不自在，這幾十年來，無論是妻子或女兒的手，他都沒再牽過。

除了憤怒，所有的情緒都壓抑了。

家庭裡，消失與缺席的父親：總是憤怒，總是沉默，總是逃避。總是吝於開口，總是拐彎抹角，總是以指責表達擔憂、以物質傳遞關心。總是不動，總是被動，如一張堅固但僵硬的椅子——承接重量，卻永遠不夠柔軟；待在那兒，卻不能張手擁抱。

愛，但不會愛的父親。愛，但不敢愛的父親。

幾個小時的顛簸路程熟悉卻遙遠，好久沒捨得花時間坐這麼長途的列車了，莒光號像是塵封般，幾乎跟自己一樣蒼老，冷氣微弱，呼吸間有焦煤味，椅墊上的硬毛絨剝落，且色調過時。車子發出粗糙、沙啞的疲憊哀鳴，但一點兒都不服輸也沒鬆懈，仍奮力地抓著軌道爬坡前進。

時光與風景匆匆流逝，一陣小雨落下，雨滴在玻璃窗上如汗水斜行，車子翻過一座小丘後，陽光又灌入。他瞇眼盯著窗外，眼內的飛蚊與陽光裡的塵埃一同靜止般地漂浮。

「你那欸不拉上窗簾？」身旁的妻子不耐地問。

「拉上怎麼看風景？」他的口氣也不甘示弱。

「日頭很刺目欸，毋驚得白內障？」

「我沒底驚晒日頭欸啦！」他又把頭轉向窗外，風景退得好快，幾乎來不及看清什麼。

「你歡喜就好。」妻子拿外套蒙住眼睛，不再說話。

火車繼續狼狽地搖晃著前進，駛入如山一樣高聳的密布屋樓之間後，水泥阻擋了風景，忽然車身一沉，鑽入一片黑暗中。

此後，陽光都不一樣了，跟他家鄉的全然不同，都是被巨大的陰影包圍、啃噬過後的。他不怕陽光，也不怕水泥，只是對一世人翻不了身的命運感到厭煩。

下了火車，地底的車站宛如迷宮，妻子說要打電話給女兒，但他堅持自己找路，領在前頭像失去嗅覺的螞蟻亂竄，直到妻子生氣不走了，他才停下來。他在心中惱怒不已，這輩子抹水泥，沒理由被水泥困住。

妻子拿著手機邊走邊講，在約定的麵包店找到了女兒，一見著女兒就開始抱怨迷路的事。「你爸當作這裡還是他的地盤，害我叩叩轉。」

他沒回嘴，只不耐地跟女兒說：「這你地盤，你帶路啦！」

女兒早幫他們買好了捷運票，牽起母親的手，帶他們過閘門後往更深的地底鑽去。人跟螞蟻一樣多，皮膚卻如白蟻一樣白，他們跟著女兒上車又下車，鑽出了地底，爬到高架月台上後上了另一輛車，往山邊靠近。女兒沿路介紹，什麼台大、師大，他卻只看到一路快要擠到面前的房子。站在陽台上看火車從眼前經過，這種房子他才不要住。

車入隧道前，他們下了車，女兒說過了山洞後開到底就是木柵動物園，林旺死了以後被做成標本，放在裡頭。

林旺？以前電視上出名的那隻林旺嗎？聽說大象比人長壽，怎麼就這樣死了。

走進巷子，這是個安靜的老舊社區，斑駁的公寓只有跟家裡的透天增建一樣高而已。

「我住五樓頂，沒電梯，等一下慢慢爬就好。」女兒說完，打開了貼滿小廣告的公共鐵門。

他抬頭看了一眼天空，破破碎碎的，一人只夠分一點點吧。

爬上了頂樓，陽光這時卻一口氣落下太多。加蓋的鐵皮屋像個蒸籠，女兒一進門便趕緊將平時捨不得吹的冷氣打開，轟隆轟隆的，心臟衰竭的老冷氣像剛爬到頂樓的他們一樣氣喘吁吁。妻子脫下喜宴專用的亮片高跟鞋，他也脫下結婚時穿的舊皮鞋，感覺快磨出水泡了。屋內的空氣開始流動，卻仍是悶熱，汗水穿透了內衣，將他少有的襯衫也浸濕大片。

屋子只占頂樓的一半，鋪了老舊的木地板，縫隙裡卡滿霉味與塵埃。一張床、一只瘦弱的衣櫥，再加上擺放電腦的矮桌，就幾乎將房間占滿。他和妻子兩人站著，像不知該擺在哪裡的家具無處容身。

「這裡沒有椅子，你們看是坐床上還是先坐地上。」女兒將包包拋在床上，喘著氣說。

「沒椅子你也租？」熱與疲憊讓他煩躁不安。

「沒關係啦！反正也放不下。」女兒將床上的衣服收入衣櫃，騰出一個位置要給母親坐。

他拐入浴室，打開門一看，狹小又陰暗，剛好是陽光穿不透的角落。而眼前，懸著幾件內衣褲。

他尷尬地低下頭，想說什麼，又抿住嘴沒說。

這是女兒上大學後，他第一次上台北看她。鄉下考到台北國立大學的很少，他心裡驕傲，但又怕太囂張，總是刻意迴避不講，逢人問起都說：「運氣運氣啦，那個我也不懂，好像是師範大學啦！孩子自己打拚的啦！」

說真的，到現在他還是沒搞懂，說什麼一條路上有兩間師範不一樣，而且畢了業還不能當老師。

就這樣，女兒畢業了，留在學校當助理，搬出宿舍到外面租了房子。既然女兒不回來，他只好上台北看看，不親眼看一看，女兒好像不見了。

「所以這樣你也租？你房東就是看你剛畢業好騙。」他繞了出來，正中午的，冷氣還是不夠強。

「你不要把人家想得那麼壞好不好，是我自己要租的，房東又沒有逼我。」女兒白了他一眼。

「欺負我們這種窮人。這叫套房？我們家後院都比這一間大！垃圾！」他愈說愈激動，汗還是一直從額頭湧出。

女兒瞪著他，不說話。

「好啦，坐這麼遠的車是特別來吵架的喔？久久見一次面就不能講別的？我看這裡靜靜的，也滿舒適的啊。」妻子出聲讓溫度冷卻。

「你們都一國的啦！」他噴了一口氣說。

「你歡喜就好啦！」妻子說完就不再理他，轉頭牽起女兒的手，將一袋橘子交給她。「這現採的，你阿姨透早特別拿到車頭給我的。」

他兩手空空地孤立在那兒，像被隔在一道透明的牆後頭。習慣了，但其實還是不自在，這幾十年來，他的手裡都只有水泥，無論是妻子或女兒的手，他都沒再牽過。

他嘸歡喜，但他也不想這麼嘸歡喜。

其實一開始不是這樣的，當初他很歡喜。

他雖然窮但打拚，談了戀愛，娶了養鵝人家的女兒。為了生活，他四處砌厝和做土水，雖然不愛念書，但心細加工細，風評不錯，也算有了一技之長。年輕時在台灣的山海間闖蕩，任何可以抹上水泥的地方，他都攀得上，然後蓋出一幢幢跟他一樣堅勇的房子。

然而，四處替人蓋家，自己卻流浪著，有時為了省錢就睡在赤裸的水泥工地裡。他常不屑地說：「我什麼豪宅沒住過？就算裝潢得再漂亮，裡頭還不是烏罵罵的紅毛土。」

在流浪之間回家與妻子小聚，感情仍如熱戀，但岳父看他卻是愈來愈黑。

女兒出生後，岳父跟他說厝內不能沒有男人，於是他開始將流浪的路程縮短，盡量天天回家，就像岳父說的：「當老爸了，工作要顧，家庭也要顧！」

有了女兒後，他的心好像被剪了翅膀，不再想飛。他沒讀書，沒想那麼多，只覺得這很自然，家庭、責任，男人的擔當就是要落地，把土踏實，把家支撐起來，打個穩穩當當的地基最重要。

收工回家後，女兒總不畏他全身的汗臭與汙漬，黏著他就要往他身上爬。他結實的身體像粗壯的樹、堅固的大樓，任女兒攀爬探索：飛高高、海盜船、升降電梯……他用身體蓋起了一座專屬於女兒的遊樂園。女兒坐在爸爸以手臂圈起的座椅上，安心地又笑又叫，旋轉、墜落、飛翔！

他願將自己的翅膀與天空都交給這孩子。

有天，他又是一身濕黏地回家，幼稚園的女兒衝了過來問：「爸爸，你是用水泥蓋房子的對不對？」

他搞不懂女兒為什麼要問這個。「對啊！我最會用水泥蓋房子喔！」

「那你就是最厲害的小豬，我跟我同學說，他們都不相信。」

「啥？小豬？」

「我們今天聽三隻小豬的故事啊！你就是那隻最聰明、最認真的小豬，所以你蓋的房子都不怕大野狼！」

「哈哈哈，對啊！一百隻大野狼也進不來喔！」

「真的喔？」女兒一臉認真地抬頭問。

「真的啊！」他伸出粗糙的厚實雙手。「你看，阿爸的手比野狼還大喔！」

妻子笑著將女兒拉走。「飯沒吃就亂跑，先讓你爸爸去洗澡啦！」

望著妻子牽女兒坐上飯桌，他感到滿足，卻又虧欠。這樣的世界對他就已足夠，只要沒有大野狼就足夠幸福了——但他知道，**殘酷的從來就不是大野狼**。

蓋房子很簡單，要蓋自己的房子卻一點都不簡單。微薄的薪水還不足以讓他擁有自己的房子。**世界裡，真正吃人的是「人」**。

岳父看他無，朋友看他無，漸漸地，他自己也看自己無。

很快，女兒長大了，闔上了童話故事，心也開始變得柔細複雜，但他仍只會「飛高高」，除了身體的活，他不會其他取悅或安撫孩子的方式，沒有任何溫柔、細膩的把戲帶他靠近女兒敏感的心。

女兒不再拜訪他的遊樂園，開始有了心事，藏了祕密。對他來說，女生的眼淚是複雜而滾燙的，而沉默亦是難解的謎語。

「她是怎麼了？」他問妻子。

「沒事啦，女孩子啊，你也不懂啦！」妻子隨口打發了他。

見女兒挽著妻子的手說話時，他總有些嫉妒，彷彿那些心事與祕密是她們母女共享的。但他明白，什麼傾聽、陪伴和等待，這些不會流汗的活，他一點力也使不出來。

總之，她們母女是一國的。漸漸地，他跟妻女之間築起了牆，他手上只有水泥，不自覺地往牆上抹，把自己也封了起來。

他又開始離家，到更遠的地方賺更多的錢……終於，他蓋了自己的家，**卻總是在這個家裡缺席。**

北上探望女兒後，過了幾個月，他拜託工頭找了一天台北的臨時工，他跟工頭說想去走走，車錢他自己出沒關係。

下午收工時，太陽仍豔毒，他拜託人順道載一程，花了點時間才找到女兒的樓下。這時太陽已被高樓淹沒，影子給拉得細細長長的，像這條巷子一樣。

他一手用手機打給女兒，一手拿著一張小板凳，看著影子等待。

等了半小時，女兒氣呼呼地跑來。「哪欸都沒先講，沒禮貌欸！」

「那系你男朋友就驚喜，我就沒禮貌？」

「我沒男朋友！」女兒 字字像要釘進他腦袋般重重地說。

「沒人追？有要說喔，問問你老母。」

父女兩人邊爬樓梯，邊抬槓。

「真的沒有啦！」女兒不知是在嘆氣，還是喘氣。

「可能看說要爬五樓，無才調追啦！現在少年仔身體攏毋好。」

爬上了樓頂，風大把地吹，吹來風鈴聲，還有某處的炊飯香。

「麥黑白講話啦！你吃飽了沒？」

「在工地就吃了。來，這張椅子給你，我特別請老師傅做的。人乞丐才坐地上。」他伸手遞出椅子。

「你怎麼這樣說？我們現在去聽演講也都坐地上啊！」女兒沒接下。

「我無讀書，我沒在聽演講的啦！」他仍舉著椅子，低頭看著習慣穿的白布鞋。「你住這，濕氣這麼重，旁邊山裡就是墓仔埔，你甘知？」

「啊你那欸知？」女兒開了門，進入屋裡便打開冷氣。

「恁北不干阿砌厝，墓碑我馬系有砌啦！」他放下椅子，口氣開始凶惡了起來。

「你講話一定要這麼難聽嗎？」女兒站在門口，扠著腰對他說。

「是多難聽？有錢人講話就卡好聽？有讀書講話就卡文雅是不是？我跟你講，他們吃人的時候，比阮還要野蠻啦！」他站在風裡，下工後滿身臭汗，他沒打算進屋。

「你自己自卑，就感覺大家都看不起你！人家根本就沒有欺負你！」

「你被欺負你都不知道嗎？就是我無能才會讓你被人家欺負！」他瞄了一眼屋內，一樣空無一物，床上依然堆滿凌亂的衣物。

「又來了，你這種想法才讓人家看不起啦！」

「我慣習啊啦！」

「你歡喜就好！」女兒尖酸地說。長大了，跟母親一樣了。

他咬住牙，將椅子放在地上，轉身就走。

「爸！」女兒喊住他。

「其實，你不用這麼辛苦，你可以……」他停在樓梯口哽咽，但忍住沒把話說完就匆匆跑下樓。他知道，再講下去會哭出來。

你可以……回來，爸爸還可以養你，再沒用也有自己的房子，也比這裡舒適多了。

路燈已亮，微弱得抵擋不了這個城市的黑暗，他拚命回想著走來的路，得趕上回家的夜車。他稍稍回了頭，隱隱瞥見那棟樓的女兒牆上，有個嬌弱的身影喊著。他趕緊縮回頭，怕眼淚又流出來，僅舉起空了的手揮了揮示意，然後低頭踩著自己的影子，直直走去。

幾十年了，他還是只會這樣道別，像是不要再見，其實是想再見。

經過剛剛買木椅的路口，那張椅子花了他一天的工資。這個吃人的地方，別把女兒吃得一乾二淨就好。

一開始來時，他只說工作累，睡不著，偶爾談到了女兒，才會露出一種壓抑的驕傲神情。「不回來，還留在台北啦！」

許久之後，斷斷續續地，他才哀傷地談起種種挫折，**尤其是身為父親的挫折與愧疚**。

「說實在欸，我這世人做老爸應該是失敗欸，我自己知道，我說話真正難聽，我傷她很深，只是她不願在我面前哭。我在，她就不會回來的。」他低頭看著腳上接近灰色的白布鞋說。

我想起了各個父親：擔憂的，憤怒的，沮喪的，徬徨的，像個孩子般無助的，封閉在沉重的盔甲裡卻無法動彈的……**那些消失與缺席的父親**。

父親的缺席有時是具體的，但更多時候是情感上的，當孩子受傷而脆弱的時候，許多父親看著、痛著，卻怎麼樣也無法去靠近，將自己的情感表露出來，填補上去。於是孩子心裡的洞繼續空著，彷彿只有柔軟的母親能在孩子跌落時出現，承接所有傷痛，而父親則如一張永遠不動的椅子。

其實，看似缺席的父親是以一種壓抑的方式存在著，也或許是以一種被想像、渴望著的方式存在著，如一張空椅。

父親總不在椅子上，他屈身彎腰成為那張沉默的椅子本身，等待著承接任何生命的重量。他彷彿消失了，卻是在最堅硬、最靠近泥土的地方撐起地面，保護上頭的人。

孩子，請安心地坐好，直挺挺地、驕傲地，這比我還高的位置就交給你了。與其擁抱你，我願意流下更多的汗水，為你打造一張椅子。

那些嚴厲、冷酷、疏遠，卻疼惜著孩子的寂寞父親們如此相信著。

電影《父親的椅子》中，面對破碎婚姻的父親一路追尋著不告而別，獨自騎馬遠行的兒子，最後發現兒子竟是要去尋找爺爺。而一路經過成長與追憶似的長長旅程，身為父親的他反而先到了爺爺的家——那是他自己最熟悉也最陌生，怨恨且決裂已久的父親。

他或許明白，自己那缺席的父親一直都在，即便自己心中有個缺口，也是那父親消失後的輪廓，而正因如此，才令他難以面對。如今，**在他同樣成為失敗的父親之後，彷彿靠近了自己的父親一些，就像踩著父親的腳印一樣，坐上了父親的椅子。**

小說《我想離開你》（*US*）談的是婚姻觸礁的父親在歐洲家庭旅行的故事。關心而傷心的，孤立且孤獨的，破碎而刺人的，憤怒且壓抑的……所有父親的面貌全在這本書裡一同流浪，他想要尋回妻子，尋回他倆之間的回憶與愛，那些曾共同經歷的驚喜、哀傷和迷惘，更想要尋回他摯愛卻疏遠的兒子，希望找到一種可以與妻兒彼此「聽懂」的語言，將愛完整地傳達過去。

但他不時迷路、出糗，與妻兒彼此傷害。他掉入背叛的陷阱或幼稚、自我的白日夢中，找不到認同的目光與溫暖的語言。這趟旅程彷彿讓他失去更多。他開始害怕自己不被需要，而他再也無法回「家」，或者那將不再是原本的「家」。

這個自認失敗的父親在荷蘭的大麻菸館外被妻兒放逐後，悲傷又憤怒地說：「他們為什麼看不出我的卻步真正的用意？不是心胸狹隘，不是故步自封或太小心翼翼，而是關心，大量的關心，像海洋一樣浩瀚的關心。我不贊成，是因為我關心。這一點難道那麼不明顯嗎？」

為何這些父親總是如此失敗，如此笨拙呢？

許多父親都是牽掛、疼惜著孩子的，但或許是自己父親的影子，或許是自小抹上的層層壓抑，也或許是水泥般僵硬的角色框架，使得那些疼惜總是如此冰冷、笨拙，硬邦邦而嚴肅，急躁又霸道，明明那麼易碎，卻又倔強得要命。

他們表現得不是拐彎抹角，就是炙熱燙人，有時遠遠看著，有時卻一口氣揪著你的脖子，要你將他所有的話都吞下。沒有溫柔的靠近，也沒有平靜而甜蜜的陪伴。

父親的存在宛如灰色的水泥房，為我們遮風蔽雨，卻少了表情與聲音，**除了安全之外，我們難以向他們奢求安慰。**

就如《我想離開你》裡的父親，他對自己父親的精準形容：「**除了憤怒，所有的情緒都壓抑了。**」

「你不是失敗，只是沒辦法肯定自己。你要相信女兒，也要相信自己。你關心她，只是方法傷害了她，建議變成批評，擔憂變成憤怒，而真正捨不得她、因她而感到驕傲的部分，卻藏在心裡都沒說出來。或許女兒也覺得自己很失敗，一直找不到能夠靠近你，卻又不會讓你生氣或失望的方式。

「**感情存在的方式有很多種，有些很遠，有些很深。**你不會說，不習慣說，而女兒大概也不習慣如何對你表達吧。」

沉默了一會兒，我才繼續說：

「只要她能飛，你當然希望她飛得愈高愈好，要相信她的翅膀會變強壯的。只不過做老爸的，自然有說不出口的思念吧！」

他說不出口，但紅了眼眶。

許多時候，兒女將自己的心思層層包入繭中時，也將對父母糾結的情感一同裹了進去，有些的確是怨恨或傷心，但有許多是他們自己也不明白的愛。

只是父母難以窺探，也難以明白，於是大多的猜想都出於自己的挫折，**期望自己不是失敗的，卻又認定自己失敗**，因而永遠看不透孩子在繭裡的成熟與轉化，不敢相信也不敢奢望會有蝴蝶破繭而出。

「我很抱歉對你說了那些話。那不是我真正的想法。不管我說過什麼，我都非常以你為榮，雖然我可能沒有表現出來，而且，我知道你以後會表現得很好。你是我兒子，我絕對不願意你開始獨立去闖蕩時，不知道我們會想你、會希望你平安幸福，還有我們愛你。」

這是《我想離開你》裡的父親終於找到逃離的兒子後，癱坐在長椅上所說的。大多數的父親都說不出這些，但心裡都放了同樣的話，陳舊、乏味，卻真實。

消失了好幾年，他又踏著濺滿水泥的白布鞋走入診間。

他老了，但神情輕鬆許多，一頭白髮下，皮膚一樣黝黑。他說自己退休了，只有鄰居和朋友拜託才會去幫忙。這次，他真的是因為偶爾的失眠而來。

「你女兒呢？」我問。

「還在台北啊，只是嫁人了。」他微笑著說。

「結婚了啊！時間過真快。」我有些驚喜地說。

「醫生，你還記得那張椅子嗎？」他突然挑起眉問。

「椅子？你丟在頂樓的椅子喔？」我開玩笑地說。

「哈哈！對啦！我跟你講，那張椅子啊，現在是我孫子在坐，那是他的穿鞋椅，別人都不准

坐。」他有些得意地說

「孫子！會走路了喔？」我問。

「會啊，兩歲了啊！」

「時間真快啊！」

「是啊，真的有夠快啊！我都追不上孫子了。」

這時，他是真正歡喜的，而我也感染了他內心滿溢的喜悅。

河合隼雄在《故事裡的不可思議》中談論父母的守護與孩子的自由時，提到了他哥哥河合雅雄所寫的《少年動物誌》中的一段故事。

故事的主角因為亂發脾氣哭鬧被父親處罰，關在馬屋旁的倉庫裡。黑夜裡，他因害怕傳說中會吃嬰兒的飛鼠而發抖，突然，他聽見了門外傳來奇怪的唏唏聲。他很快便明白那是父親在門外小便的聲音，忍不住嘴角上揚，在心中竊笑。「一股微微的暖流在心窩裡漫開。這麼寒冷的夜晚，父親居然沒有回去房子裡，還在外頭守護我。」

寒冷的黑夜裡，他雖沒看見，但聽見了，也感受到了父親的存在。

鉑

終究，得面對提早告別的哀傷

在時間面前，生命是脆弱的，而白金卻像永恆一般，可以將時間套住，停止下來。

我們害怕的究竟是衰老？是死亡？還是分離？

孩子飛快地長大，而我們也轉眼老去，一切，發生得比想像還快，甚至超乎想像。然而，對於頭也不回的生命與時間，又快又慢地，我們總是充滿矛盾：快一些多好？慢一些，又該多好呢？

她是一個再單純不過的家庭主婦，在二十歲的尾巴與穩定交往的男友結婚，懷孕後便辭去了工作，開始以家庭為中心，以家庭為優先，以家庭為全部而單純地生活著。她學做菜和記帳，打理一整個家，學習新的角色：成為妻子，並緊接著成為母親。

三年間，大女兒與小兒子接連出生，懷孕辛苦但尚順利，自然產的陣痛也幸運地比朋友短些。

「或許，我真的就是準備來當母親的吧。」

她既珍惜又認命，每次看著身上又長又深的妊娠紋，都想像著這就是自己接下來要走的漫漫長路。

她一直都喜愛孩子，但是直到懷孕後，她才更加確定這一點。過去只是覺得小孩可愛、無邪，無法抵抗他們的笑容，也無法對他們的哭號感到厭惡，但擁有自己的孩子之後，才發現那感受是全然不同的。或許那就是「喜歡」與「愛」的差別——那是她的孩子，自己的孩子。

她同樣無法抵抗他們的笑容，但這些笑容變得像是某種奇蹟，有著與自己連結的魔力，讓她感到既滿足又感謝，感謝世上能有孩子對母親燦爛地笑，如此美妙。

孩子的哭泣則變得更複雜、濃稠，宛如幼稚又成熟的情話，讓她一下子懂了，一下子又不懂。她心煩意亂，憤怒、忍耐、憐惜、自責，有時擁抱，有時怒吼，有時冷淡以對，心裡頭各種反覆的念頭與情緒就像雨後的路上積水，往往要過了許久的時間，她才能踏過去而不濺起水花。

這些笑容及哭泣總是牽動著她，讓她隨著哭隨著笑，那是身為母親的責任，也是感謝，無法切割亦無法抽離，稱之為「愛」。

因為這些愛，她更加甘於單純、平凡的生活，更加堅信將自己留在家裡，守在孩子與先生的身後，默默成為夜裡最後熄燈、最後闔眼的人，是註定且值得的事情。

她也真心感到滿足與喜悅，看著孩子成長，先生安睡，彷彿那些愛具體地流動，環抱且灌溉著這個家。時光化為養分，歲月留下足跡，隨著回憶與孩子的身影拉長，自己的存在不再那麼空洞難尋了。

轉眼，孩子大了。

像樹苗突然遮蔽了視線，小床再也容不下懸空的腳丫子，孩子就這樣硬生生地從小小的身子裡長大了。

那半年，姊姊初經來潮，弟弟開始變聲，大家手忙腳亂地應付一波波襲來的荷爾蒙騷動，焦慮、彆扭、抗拒卻又彼此依賴。她教女兒如何處理月事，好似共同孵育著一個祕密，但親密的距離裡卻有種遙遠的陌生感。

而弟弟更沉默了，他花更多時間洗澡、獨處，偷偷照鏡子凝視陌生的自己，但花更少的時間說話。她覺得不再能輕易地靠近他，自在地跟他牽手、擁抱。兒子與周圍保持著一段距離，因為他需要更多空間與時間適應變化中的身體——他準備獨自認識「他」，也想要獨自擁有「他」。

每次見他手插在褲袋裡，遠遠地單獨走著，她總想：「這孩子真的長大了啊！」

正當她想像著孩子的叛逆與離開時，卻想不到，先離開的可能會是自己。

是課業繁重，也或許是逃離，孩子們回到家便藏身在房間裡，並開始熬夜晚睡。日漸疲倦的她，無法再陪伴與等待。

「晚安囉！早點睡啊！」她輕敲孩子們的房門說。女兒輕聲說了聲好，而兒子若有似無地悶哼一聲。

「最近好累，我先睡了。」她躺上床，跟身旁讀著文件的先生說。先生熄了燈，點上床旁的小燈。

平凡、單純的一天又結束了，她細細長長地吸了一口氣，變為家裡最先闔眼的人。

一開始只是下腹的悶痛，比經痛還微不足道——忍一忍就過去了啊！比人生的委屈還微不足道。

但隱隱約約，那裡頭彷彿有她無法掌控的什麼在滋長，她感覺得到，就像孩子的成長與離去一樣——褲底染上血痕那天，她與面對初經的女兒一樣不知所措，像一陣狂風颳起，讓她規律的生活亂成一團。

同樣一灘血，有時是青春召喚的，有時卻是死亡召喚的。

診所的醫師內診後，皺著眉將她轉至大醫院檢查，醫院馬上就安排她住院。

她很擔憂，卻不知如何擔憂起，一切是如此陌生又突如其來。第一次離家這麼久，卻是住院，然而她掛念的依然是家裡，畢竟那是她最熟悉的地方，比對自己的身體更熟悉。早餐，灰塵，髒衣服……誰來喚他們起床呢？如果自己不在家，甚至……從此就不再回家了呢？

丈夫請了假，孩子放學後也會先到醫院看她，一起在病房裡吃他們買的晚餐。家好像搬到了醫院，但她什麼都幫不上忙，只能在床上等待一項又一項的檢查。

那個傍晚，丈夫陪她聽醫師解說。

「不是個好消息……」醫師說，但她不確定「不好」跟「很不好」的差別在哪裡。「……太久了，癌細胞轉移了。」一瞬間，她的人生也跟著轉移了，就像家轉移到病房一樣。

丈夫緊握住她的手，雖然用力，卻感覺比她還脆弱。丈夫繼續跟醫師對話，她恍神地望著他們，心頭浮現的還是過去那個平凡、單純的生活。

醫師看著她問：「有什麼要問我的嗎？」

她停了一會兒，只問：「**那我可以回家了嗎？**」

回家後沒幾週，她便回醫院開始化療了。第二次離家，不但沒有更習慣，反而更讓她有種「無法返家」的強烈預感。看不懂的化學液體開始注射到血管中，生命不再平凡、單純。

治療開始，岔路的旅程開始，她離家愈來愈遠。

夜裡的醫院像夜間動物園一樣，黑暗中彷彿有許多沉睡的野獸，平靜只是暫時的。她看著牆上的鐘，跟著指針，毫無睡意地轉動。

「我體內這些神奇的化學藥劑，可以將時間暫停嗎？」她想著，再也無法成眠。

醫師照會了精神科，我第一次拜訪她的時候，她坐在鄰窗的床上，望著窗外。午後的陽光照得世界透亮，空氣清澈，但病房裡的冰冷彷彿永遠無法被陽光穿透。

「終於可以不用煩惱家裡的事情，卻反而睡不著了。」她笑著說。

她的聲音溫柔卻哀傷，微笑底下是克制的情緒，眼裡混雜了絕望與盼望。

「看不見，或許反而更擔心吧？」我看著陽光裡有些蒼白、虛弱的她。

「這幾天失眠的時候，我都會看著窗外，想說今天太陽到底會不會出來呢。太陽最後當然還是出來了，只是我好像失去信心了，所有的事情都變得不確定了，一定要親眼看見才能鬆一口氣，但馬上，我又會擔心起下一件事情。」

「像是？」我問。

「我能不能等到孩子下課過來……呵呵，好像有點太擔心了。」她依然笑著說。

「一下子要面對這麼多不確定性，如果是我，或許也會這樣擔心吧！」**畢竟，我們面對的是死亡啊！**

死亡將陽光隔在玻璃窗外，世界不再是日出後便重生，美麗如昔。時間有了刻度，有了存量，日光開始褪色，每一個清晨都是一天再度死去。時時刻刻，她都想像著自己隨時會離去。

我幫她調整了安眠藥物後，離開病房時，陽光開始轉為蒼白，碰巧女兒與兒子穿著制服來了。她以同樣蒼白的笑容向我道別，迎接孩子，漫長而煎熬的擔憂暫時可以擱下了。暫時，這平靜只是暫時的。

隔日，我再度去追蹤她的狀況，陽光依舊，只是日子又抹去了一天。

「還醒著等天亮嗎？」我問。

「好多了，安眠藥真是神奇的東西，好像強迫關機，只是醒來看見天亮，覺得時間好像被偷走了。」她以同樣溫柔的聲音說。

「那『擔心』的感覺呢？」

「呵呵，還是一樣啊，只是有睡著，也比較有力氣應付了。」

睡著，時間被偷了；醒來，時間卻被擔憂霸占……如此的日子，怎能不疲憊？但我總感覺在她蒼白的靈魂裡，有種堅強的盼望在抵抗著一切，凝視著遠方。

她伸出手，翹起戴著婚戒的無名指，那是一只式樣簡單卻優雅的白金戒指，微小的碎鑽偶爾在陽光裡眨了眨眼。

「這是我媽留給我的，平時在家很少戴，住院反而想戴著。本來是打算留給女兒結婚用的。」她輕撫著戒指說：「這麼多年了，這戒指好像從來沒有變過，真神奇。」

在時間面前，生命是脆弱的，而白金卻像永恆一般，可以將時間套住，停止下來。

或許，或許也可以稍稍抵擋死亡吧？

我默默聽著，沒說話。

「不過，還要好久好久喔！以前覺得孩子長大得好快，現在卻覺得太慢了。我好希望一睜開眼就看見他們已經長大了。說起來有點自私，我現在滿腦子都是他們長大的模樣，我女兒穿著白色的婚紗，再配上這枚戒指，一定是很美麗的新娘。呵呵，都是我一廂情願的幻想啊！如果老天爺再多給我一點時間就好了，我不貪心，只是很希望、很希望可以看見他們長大，長大就好了，我就可以閉上眼睛了。」她的聲音柔柔地顫抖著。

她凝視的遠方或許還是太遙遠了。

母親的眼睛，永遠不是望向自己。

我又看了一眼她指上的戒指，沉靜優雅，像她一樣散發著淡淡的光澤。在時光的激流裡，她將被帶走，而戒指會留下，但或許她的一部分，她褪下的光澤，也將跟著戒指恆久地留下。

鉑金難熔，難以腐蝕、氧化，不會改變重量，也不會失去光澤。它在歲月裡沉靜而優雅地存在著，彷彿擁有永恆的生命與永恆的平靜。

它將到達那遙遠的彼方，在她看不見的黑暗裡，閃著淡淡的光芒。

「真難想像這戒指已經幾十年了。」我說。

「是啊！幾十年，又快又慢的。」她笑著說。

「你知道嗎？打到你身體裡的化療藥裡也有白金喔！」

「真的嗎？跟戒指一樣的白金？」她驚訝地問。

「是啊！它會把癌細胞的時間停止下來，不准它們繼續長大。或許，白金真的可以對時間施一些魔法吧？」

「這麼珍貴美麗的東西不拿來做戒指，卻打到我的身體裡，真是太浪費了，呵呵。」她的笑容裡彷彿透出了白金淡雅卻永恆的光澤。

將「永恆」注入身體裡，就能獲得永恆嗎？其實她奢求的從來不是永恆，而是安心。告別是必然的，只是總希望能等到花開結果的那一刻，再安心地告別。

許久之後，我在醫院的角落遇到穿著制服的女兒，有著與母親神似的溫柔與蒼白，我也不禁想像起她長大的樣子。

再之後，我們在時光的激流裡就再也未曾相遇了。那病房的陽光依舊，床上的苦痛來來去去，她或許到了遙遠的地方，而我的記憶，卻留在那短暫的光芒裡。

戒指裡頭永恆的不僅是白金吧，還有永恆的，平凡而單純的掛念。

你很難不去想像孩了長大的樣子，而那樣的想像總是複雜的，有期待，有焦慮，有時像是種解脫，但其中依然滿是不捨。

滿是再也無法回首的不捨。

那像是一趟單向的飛行，朝向生命未知的宇宙探險，而在某個時刻，你從駕駛變成旅客，再也無法操縱這趟旅程，只能陪著孩子觀看那些驚奇的風景與難以理解的世界，伴著孩子體驗你曾試著想像卻沒有結果的種種爬升與墜落。

你老去，而孩子脫去了幼小的殼，長出了大人的芯，從更遙遠的星球順著新的地圖，繼續航向全新旅程，體會著新的自由——或不自由。

他開始有自己的憂慮、快樂、責任，以及失望與滿足。他張開翅膀，眼睛與心彷彿都變得更深邃，既堅定而迷惘，既成熟又孤單。你知道他長大了，像手磨出了繭，像洞穴裡的鐘乳石緩緩沉積，你知道他成了跟你一樣，卻又有所不同的大人。

但在一瞬間之前，他還只是個孩子啊！只是個牙牙學語，跌了跤哭泣，天真而難纏的孩了啊！

你知道你知道，但一瞬間，還是難以想像他會長成什麼模樣。

孩子終究會到達我們想像不到的地方，在我們停止陪伴之後，繼續他的旅程。儘管明白生命的重疊是如此短暫，但我們還是渴望親眼看見他的「長大」。

只是我們永遠不曉得這陪伴什麼時候會提早結束，而許多想像，永遠只能停留在想像，美麗且哀傷的想像。

杜鵑

棄養的被剝奪感

兩人哪，若「相欠」就綁死了，「相惜」的話，就能珍惜這些片刻，儘管留不住，但也奪不走，這樣就沒有人會被遺棄了吧。

時代改變了，一個人要擔負的更多，卻也彷彿失去了更多。

獨立是否必然意味著孤單？尊重，是否挾帶了冷漠？
被拋棄的焦慮或許是來自於孤單，而不是窮苦。
辛苦一輩子所留下的是無形的東西，儘管無形，卻能牢牢地留在心裡……
在自己心裡，也在孩子的心裡。

下班了，脫下潮濕又油膩的手套、帽子和圍裙，踩著橡膠雨鞋，汗積在腳縫裡癢得要死，她忍不住以腳趾相互磨蹭，止了點癢，但還沒止飢。

算時薪，沒勞保，但是供午、晚餐，沒賣完的加減吃，這把年紀了，沒什麼能跟人家計較的，人家要你，你傻傻做、傻傻吃就對了，頂多稍微計較吃些什麼。

挖了電鍋底的飯，夾些剩菜，今天還有玉米、豆干和番茄炒蛋，淋點有小碎肥肉的肉燥，舀一碗青菜豆腐湯，湯料稀稀疏疏，只剩菜的殘枝和一點碎泥般的腐渣了，只要還香著，入口滑溜滑溜就好。熱熱的裝飽肚子，就是賺了一頓。

想想，老闆娘還算慷慨。

「我們也是辛苦過來的。」老闆娘常這樣子說。但看著老闆娘手指上的戒指，她的辛苦已經結出那麼大顆的珍珠了，自己的辛苦卻像橡膠鞋裡的癢，怎麼樣也擺脫不了。

真的過得去嗎？

當初貸款買了房子，沒料到丈夫突然被公司裁員，四處找不到工作，回到家時手上提的只有酒瓶。

繳不出貸款，於是她開始兼兩份工，淚流乾了，身體也被榨乾了，就像丈夫房裡堆滿的空酒瓶一滴也不剩。

然而，終究還是留不住希望，房子被貼了封條，法拍後還欠銀行一百多萬，夫妻倆不得已，跟獨居的公公商量，搬回了巷尾死路底的老透天。這房子陰暗潮濕，太陽總停在鄰居門前就不再走近，衣服和棉被吸滿了晒不乾的霉氣。

而不知怎地，國中的女兒也彷彿被貼上了封條，暗暗的一張臉，暗暗的房間，不准人靠近。「是叛逆期吧。」老師這樣安慰她說：「這孩子在學校很獨立、懂事，沒惹什麼麻煩。」但她知道那些陰暗、潮濕住進了孩子的房間，讓她的心病了。

丈夫酒醉後的囈語，公公半夜的長咳，鄰居若有似無的指指點點……這間幾乎沒有交談的屋子裡，卻一點都不寧靜。

她不是沒想過，既然陽光不進來，那自己就走出去。但孩子還小，她忍著，想說等女兒長大就好。無論如何，「夫」、「妻」這兩片貝扇不能分開，得把「女兒」這顆珍珠護好、養大，然後一切的辛苦就值得了，就會過去了。

因此，她繼續咬牙忍著，不去嘮叨，不去爭吵，連偶爾的潰堤也安安靜靜、躲躲藏藏的，深怕若再多一點聲響，這間老屋恐怕就真的要垮了。

隔一年，公公中風了。她不敢說話，丈夫的兄弟他們也沒開口，畢竟誰欠的誰就要還，於是她辭去正職，開始照顧公公，吞下了這沉重的默契。

所幸，丈夫醒了，或許是被公公的癱軟嚇醒，他開始到大樓當夜班管理員。丈夫說夜班可以偷眠，白天多少能幫忙照顧一下爸爸，讓她去找個兼職做。於是，她開始在老闆娘的自助餐店工作，趁著看顧公公的縫隙匆匆來去，加減攢一些錢。

而女兒冷眼看著這一切，一家子在陰影裡生活，陽光彷彿退得更遠。

慢慢地，銀行的欠債還了一些，但她心中對女兒的虧欠卻愈積愈多。

沒幾年，公公走了，不知算仁慈還是殘忍，留下了歸處不明的老透天，兄弟終於出聲了，卻是惡言相向。丈夫嚥不下這口氣，嗆聲老死不相欠，搬離了差點出不來的死巷。

手頭上省吃儉用餘一點錢，他們貸款買了間頂樓的老公寓，雖然破舊又酷熱，但陽光照亮了整間屋子，也把她的心暫時照亮了。

「又要搬家啦？」看著大人的紛爭，升上高中的女兒僅冷冷地說。

但她的心沒那麼冷了，終於擺脫了陰暗、潮濕，一切又有了希望，她可以多流些汗，多晒些太陽，只要能擁有自己的房子，而孩子能在陽光裡長大就好。

只是，沒想到這份希望竟如此酷熱，她加倍地工作，加倍地流汗，辛苦就像永晝的日光一樣無止境地延伸下去，她連一點可以喘息的陰影也沒有。

一晚下班時降了驟雨，她發不動機車，遲了快一小時才到補習班接女兒。然而，眼見補習班都要熄燈了，女兒還是沒出現，她心急如焚地四處尋找，心中滿是再也見不著女兒的絕望念頭，最後她打電話給上夜班的丈夫，丈夫提醒她先回家看看。

打開家門，女兒竟坐在餐桌上吃泡麵！

一頭濕淋淋的長髮，這孩子，淋雨回來的嗎？

「你為什麼在這裡？」她又驚又怒地瞪著女兒問。

「我自己走路回來的。誰知道你什麼時候會來？」女兒頭也不抬，冷冷地回。

「我欠你的嗎?!」她踩著濕淋淋的腳印走過去，狠狠往女兒臉上甩了一巴掌。

這一巴掌，女兒沒哭，但她哭了一夜。

不知不覺地，在老闆娘的店做了十幾年。自助餐的生意愈來愈好，員工愈來愈多，後來換了更大的店面，貼了粉豔的花朵壁紙，門口也栽了幾盆不同顏色的杜鵑。老闆娘不再負責備料煮食，每天一身花瓣般柔滑的衣服，粉豔的妝，只負責坐在櫃檯接電話、分派工作與結帳，然後揮舞著指上的珍珠，繽紛地綻放著。

老闆娘的女兒比她的女兒大一些，畢業後嫁去了歐洲，那些永不凋謝的花朵壁紙就是她去歐洲看女兒時，順道帶回來的。

她邊擦汗，邊聽著這些，感覺像是很遙遠的故事。歐洲，應該是自己這輩子到不了的遙遠地方吧。她只能偶爾瞧一眼門口的杜鵑，偷偷想起自己好久沒塗的口紅。

這就是不同的世界：隔一道牆，跨一條街，甚至越過一座海，人生之間的距離就是如此遙遠。老闆娘辛苦過來了，但她明白自己的辛苦沒有盡頭，且已經延伸到了下一代。

她的女兒在醫院裡當護理師。女兒很美，穿上粉紅色的護理師服再綴點妝，像朵初綻的花鮮麗地開在冷氣房裡，但洗牌一般緊湊的日夜輪調，讓人每天下班都要凋謝一次。

女兒工作後，沒拿過錢給自己。她不想去在意這件事，但就是忘不了。

那天，她一邊幫客人夾菜，一邊聽著兩個排隊的婦人聊天。

「你不知道嗎？我們叫做『被棄養的第一代』，靠自己了啦！還盼望老了有人養你，那是作瞑夢啦！」領口掛著新潮墨鏡的婦人說。

她習慣性地偷瞄婦人的手指，一顆黃色寶石刺眼地閃著。

被棄養啊？原來如此，她好像突然搞懂了自己那些隱約的焦慮與哀傷。誰欠的，誰就要還……但她能奢望找誰還呢？枯萎的女兒也被生活榨得一滴不剩。

下班了，她磨著橡膠鞋裡的瘡，扛著痠痛喝沒剩多少玉米的濃湯，拿起皺巴巴的報紙隨便翻看——一張小鳥哺育身形明顯比牠巨大的雛鳥的照片，吸引了她的目光。

文章裡說，杜鵑鳥習慣把蛋產在別種鳥的巢中，孵化出來的雛鳥會本能地將巢裡的其他蛋推落巢外，而被蒙在鼓裡的親鳥就會將杜鵑雛鳥當作自己的孩子，繼續辛勞地哺育，即使許多杜鵑雛鳥的身形已經比這些可憐的親鳥巨大許多。

古人看到這令人印象深刻的情景，以為是孩子回巢哺育老邁的親鳥，於是寫下「慈烏反哺」的美麗故事。其實，這只是一場美麗的誤會。

她把報紙揉成一團丟進垃圾桶，收起餐具，吃不下了。她好生氣，又好哀傷，這一點都不美麗，是一場殘酷的騙局！

為什麼是她這一代?!

那個晚上，她的胃一直翻攪。女兒大概被事情絆住了，遲遲未歸，她跟往常一樣躺在床上無法闔眼，一直到了凌晨。

聽見開門聲，她忍不住起身，看到滿臉倦容的女兒，她一眼就瞧見女兒耳垂上那對新的珍珠耳環。

「你怎麼有閒錢買這個？」她語氣尖銳地質問。

「這沒多少啊，才幾千塊而已。」疲累的女兒有氣無力地回。

「幾千塊而已？你知道這我要洗多少菜，流多少汗嗎？」難以消化的委屈一瞬間嘔了出來，又酸又燙。

「媽，這是我用我自己的錢買的欸！」女兒覺得真是莫名其妙。

「什麼你的錢？現在開始分你的錢我的錢了是不是！」她氣得發抖，彷彿正用大火燒著。

女兒瞪著她不說話，轉身甩上房門。

她一個人，被遺棄在客廳裡。

日子還是沉在汗水裡濕溽地過。

一天傍晚，老闆娘跟老闆不知為了何事一路吵進了後頭的廚房，老闆踹了塑膠菜籃一腳，大家驚呼一聲，眼見辛苦洗了一下午的高麗菜撒滿地，老闆娘的火也一股腦地燒到了底。

廚房悶熱，抽風機使勁地轉卻什麼也沒抽走，兩人扯開喉嚨，顧不得眾人耳目，再燒灼的話都丟了出來。

「要不然，你去說給你女兒聽啊！你女兒就是受不了你，才會躲到國外去！」老闆說。

老闆娘聽了，瞪大雙眼。「你說什麼？她可以嫁去英國就是因為我沒給她束縛，她才有自由去追求她的幸福！」

老闆冷笑說：「笑死人！她說要送你珍珠，結果還不是請珠寶店業務送來？不然你現在打電話，看她接不接！」

「我現在就打給她，看你說這什麼肖話！」老闆娘拿出手機拚命地按，珍珠在指上顫抖著。

電話沒接通。

「呵呵……悲哀！」老闆哼了一聲，大搖大擺地走了出去。

身旁的老同事對她附耳悄聲說：「又在外面欠賭債了。」

老闆娘放下了手機，看著指上的珍珠落淚，但隨即吸了吸鼻子，抹去眼淚。「那籃菜不要了，掃一掃，趕快切新的。」簡單吩咐後，老闆娘也離開了廚房。

一滴汗溜進她的眼裡，抽風機的聲音又回到耳中。不知為何，一直以來嫉妒的心變成了同情，**好像她們只是同樣脆弱的母親而已，無論手指上的是珍珠，還是永遠抹不乾的汗珠。**

老闆一腳踢翻菜籃，也踢亂了廚房的節奏，大家怎麼樣都快不起來，等她終於收拾好準備離開，已經比往常遲了一個多小時。

她慢慢走到門口，忽然肩頭被拍了一下。

「怎麼這麼晚？」是她再熟悉不過的聲音，竟然在這裡出現。

轉過頭時，她才發現原來並肩時看女兒，她得微微仰頭。而那對珍珠耳環，像果實般綴著。

「你怎麼會在這裡？」她驚訝地問。

「平常都是你先下班，今天我下班回家後沒看到你，就過來看看。很久沒來了，這裡怎麼變這麼漂亮！」女兒看著門口的杜鵑說。

天熱了，杜鵑像著火一般地滿開。

「老闆娘就愛漂亮啊！走啦。肚子還會不會餓？」

「還好，今天太忙了，晚餐剛剛在醫院才吃。」女兒挽起她的手，一起往機車走去。

她有種感覺，**如果這時她累了，身邊的女兒應該可以撐起自己了**。

她想起有次跟著女兒參加公司的員工旅遊，到了山上的農場，才知道原來杜鵑也可以長成一株樹，不高，但展開有如一把巨傘，也是一棵結結實實的樹。那是「金毛杜鵑」吧？難得她記住了花名，俗氣易記，有朵豔紅的花，就像合照裡她久久才上一次的紅妝，開在她素樸粗糙的臉上，而她身旁的女兒比花還美。

女兒鬆開手，兩人各自騎車回家。女兒在前頭騎得快，一個路口，她被紅燈攔下，只能望著女兒的背影遠遠逸去。她心想：這世人當母女，不是相欠，是相惜吧！

若「相欠」就綁死了，雖然斷不開，卻也不是心甘情願地留下。嘴裡的恩情都是債，心底的回憶都是計較和辛勞，而最後都成了苦。

「相惜」的話，就能珍惜這些片刻，儘管留不住，但也奪不走，這樣就沒有人會被遺棄了吧。

回到家，她又看了女兒一眼，那對珍珠配女兒，真的很美。

「看什麼啦？」女兒問她。

「看這個女孩是誰生的，怎麼這麼漂亮！」她笑著說。

她要牢牢地抓住眼前這一刻，留給自己。

或許啊，孩子不是父母因痛而拚命護成的珍珠，非得收藏在自己身上，永遠捨不得摘下。

他們是熟成的果實，帶著生命與希望落地而生。看見他們終也平安地茁壯，獨立成一株能給人依靠的樹，那份感動足以安慰人一輩子的辛勞吧。

這輩子，辛苦大概不會過去，但是值得了。

穀雨

成年孤兒

人哪有真正長大的時候？她無法也不願意為了長大，而放棄所有的依賴。

孩子的母親，卻也依然是母親的孩子。

人有「真正長大」的時候嗎？
即使成了父母，但是，情感上的不安與依賴真能徹底消失嗎？……
不會消失吧！父母也不會真的消失，即便離世了，也是孩子內心深處一份思念與寄託的力量。
這樣的脆弱就已夠堅強了，而這些不小心長大了的「孩子」，永遠在學習成為更堅強的父母——
就像每一場濕潤的雨都是溫柔的灌溉，讓我們的孩子長大了一些，自己也更堅強了一些。

下了高速公路，已不見高樓，兒時的寬闊天空又回到眼前，只是變得灰濛濛許多。路拓寬了，以前抓螃蟹的溝流都被埋到柏油底下，印象中的那幾棵芒果樹和楊桃樹也都被剷去了，根，早已不在這片土地上。

農地上蓋了許多鐵皮屋，有著煙囪、抽風扇和通風管，鐵灰色的風就如工廠吐出一口口的菸，染暗了這片她曾經奔跑的土地。

只剩下少少幾片嫩綠的田像孤兒一般被遺留下來，而輕輕一陣嗆鼻的風，就能將記憶與一切連根拔起。下次回來時，還會剩幾片田呢？

車子很快便駛近了鎮中心，兒時鎮裡最高的就是廟，迷了路往廟埕跑準沒錯，總會在那裡遇見認識的人帶你回家。但現在，廟看起來沒那麼高了，而遠遠便可見鎮上最高的已不是廟。

最高的是那座靈骨塔，遠遠地躲在鎮的最後頭，站在潮濕的山邊，守著山，同時也被山守著。

「要彎進去嗎？」駕駛座的先生問，車子稍稍緩了下來。

她看了看褪色的街道，輕聲說：「不用了，要下雨了。」

於是車子加速，像逃離似地通過那個她曾經如此熟悉的路口。

屋子還在，但「家」沒了，每次回去，愈靠近都覺得愈遙遠，記憶裡的一切都在後退，永遠抵達不了。

還記得以前每年回來時，都會不小心錯過這個路口，儘管母親在電話裡再三提醒說三角窗的店面又改開了什麼店，但她總是找不到，一定得開到小學門口才確定又過了頭。調頭回來，遠遠就看見母親在巷口不耐煩地招手。

「我不是有跟你講？怎麼又開過頭？」

「每年都不一樣，哪有辦法！」

「風水不好啦！開什麼就倒什麼，我們也是不習慣。」

「以前書店不是開很久？我記得生意很好啊！」

孩子們放學後總愛擠在書店裡，摸摸封膜的新漫畫，用不多的零用錢買小玩具、零嘴，不然就是打藏在後頭的遊戲檯子。錢花光了繼續閒晃，反正固定有幾個錢花不完的會一直坐在檯前，破不了關時就會掏錢出來買新漫畫，嚷著要大家去旁邊看，別來煩他。

後來爸爸媽媽們索性都到書店接小孩，反正在這裡逗留總比電動間好。

「蓋了靈骨塔之後，風水就不好了……」母親掩著嘴說，彷彿會被無形的什麼聽見似地。

「拜託，你信這個？」她露出不屑的表情。

「好啦！免講這個，飯要冷啊！」母親轉身疾步鑽進巷裡。

「媽，上車啊！」先生探頭出車窗叫喚。

「免啦！短短而已，不要浪費時間。」

先生刻意放慢了車速，才能跟著母親老邁的步伐在蜿蜒細巷裡緩緩前進。

回憶裡，母親的身影快不起來，但也慢不下來。

過不久，找不到回家巷口的人變成了父親。

那晚，父親巡田後一夜未歸，隔日清晨被靈骨塔管理員發現時，他一臉驚惶地瑟縮在土地公泥像旁，嘴裡喃喃喊著：「要被人收去了，收去了。」

之後，父親再也找不到回家的路。

那時她剛生完大女兒，跟先生商量後，請了育嬰假，搬回娘家，母親幫她照顧小孩，而她幫母親照顧新生的「老小孩」。

她帶著父親到大醫院檢查，光亮潔淨的儀器將父親殘破的身軀與靈魂一一曝露出來：糖尿病、高血壓、肺氣腫及心臟衰竭，還有坑坑疤疤的腦——像被暴雨蹂躪過後的田地，黑水氾濫。醫生說父親得了失智症，腦袋像貧瘠的土地，再也長不出東西……

而家裡的田也真的荒廢了。

父親退化得好快，比女兒長大的速度還快。沒多久，女兒眼裡的靈魂已比父親的清澈飽滿，話也說得比父親明白伶俐。

母親聽不懂什麼是失智症，四處求神問卜，拿了私房錢幫靈骨塔旁的土地公貼上金鞋、金枴，拜求祂把收去的還來，如果不夠，之後還可以慢慢還。當然，這不歸土地公管的。

「唉！真正是收去了了。」眼見丈夫如泥像般一天天地空洞、乾裂，母親不甘心地搖頭嘆氣。為了那些金箔，她拿著從醫院印出來的影像跟母親大吵一架。「看到無，攏破空了，是要補什麼？你錢被騙了了，以後是要吃什麼？我看你頭殼也破空了！」

「無錢你不願意養我是嗎？我看養你也無用，好加在你老北頭殼裝空空，聽無卡免傷心！」母親氣得眼淚直流。

「唉，我不是這個意思，我是煩惱——」

「免替我煩惱，再怎樣，我還有你爸一世人留下來的一塊田，就算東西種不活，還可以埋死人！」那時母親眼裡的悲傷，幾乎可以讓所有活著的東西都瞬間死去，包括愛與希望。

到了塔前，車子開始慢了下來。

每次來到這兒總有種異常寧靜的感覺，像是哀傷被稀釋、再稀釋，直到能夠呼吸、說話、安詳微笑的濃度——愈淡，愈好。淡淡地思念，淡淡地遺忘，想要統統都放開，卻又像不捨地留下那最後一點珍貴氣味似地，飄在緩慢流動的空氣中，久久不散。

排在等待進入停車場的車陣中，雨淡淡地落了下來。香爐的火已燃，煙竄不高就被風吹散，混入潮濕的空氣中，再飄落，車窗上細細地灑上了塵埃似的灰。雨不大，只是糾纏，每年回來幾乎都是如此。

她和先生牽著兩個女兒快步走進塔裡，開始分頭焚香，擺放祭品。

她閉上眼帶著女兒念：「保佑我們一家人身體健康，每天都有開心的事情。」

「爸爸抱我！」

先生抱起三歲的小女兒，抓著她的手一起把香插進爐裡。小女兒合起麻糬似的小掌，又認真閉上眼拜了拜。

五歲的大女兒抬頭問：「為什麼不能說不要有不開心的事情？」

「那樣太貪心囉，神明會忙不過來啊！」她低頭看著大女兒，好奇這小小腦袋是如何轉動的。

「那神明也沒有很厲害嘛！」大女兒毫無忌諱地說。

假如母親還在，一定會斥喝女兒別黑白講吧。人對神只能謙卑地求，一點都不能貪。「如果可以事事順心，何必求神。」她想起母親安慰人時，似乎常常這樣說。

不知道這句話是否安慰得了母親自己呢？

「神明已經比我們厲害很多了。你看，祂要照顧這麼多人，我跟爸爸只要照顧你們兩個就好。」

她牽起女兒的手，在煙霧繚繞的人縫間找尋電梯。

「而且我已經長大了，不用照顧那麼多了。」女兒故意放開手，熟門熟路地往前走去。

她回頭看先生，翻了白眼，然後小心地跟在女兒後頭，竟也真的走到了電梯口。

「你還記得阿公、阿嬤住幾樓嗎？」

「五樓啊！你去年還跟他們說我明年就五歲了。」大女兒搶先按了電梯，一臉理所當然的模樣。

五年了啊，轉眼五年間的變化，哪有什麼是理所當然的。

上了五樓，大女兒又是第一個飛奔而出，但這回她在迷宮似的行列間轉了好幾圈，還是找不著阿公、阿嬤的住所，不甘願地嘟起嘴，停了下來。

「都長一樣！」她皺著小臉抱怨。

「所以還是別亂跑，要跟著媽媽啊！」雖然來了幾次，她還是得小心在幾無差異的櫃位間憑印象與號碼辨識，才能找到正確的路。

小時候，鎮的四周都是田，一望無際地延伸到她奔跑不到的盡頭，田埂小路是一座透明的迷宮，她抬頭便可看見鎮上最高的廟，卻總是愈繞愈遠。

父親的田離水泥路很遠，她每次都得讓母親帶著才能從迷宮裡轉出圈來。一路上，她只管緊抓母親的手，好奇地探看周圍的稻草人又穿上什麼「新衣」，反正她記不住路，不如安心地藏在母親身後，欣賞一路的風景。

那時，她覺得世界很大，母親的手很大，父親的田也很大。現在，世界就縮在一櫃櫃小小的方格裡，女兒的手很小，而從塔這兒望過去，父親的田也小得像一顆被遺落的綠豆。

她看見轉角書店的老老闆的塔位，某種熟悉的安定感終於落回心底。大女兒乖乖抓著她的手，跟著她拐彎，盡頭傍窗的位置就是阿公、阿嬤的新家了。

塔剛建成時，謠言不斷，老人家的忌諱多，怕火燒，怕高處風大吹散魂魄，怕離地斷根，子孫流離，因而塔空蕩蕩的，幾乎沒人願意住宿。後來鎮長端出補助，還邀請大廟到塔裡辦法會，才開始有買不起墓地的人住進寄物櫃般的集合住宅。

但母親還是認定，父親的魂魄是被邪門的靈骨塔收走的。

「現在不能隨便在田裡蓋墓了。」她不斷勸說母親。

「我不管，人埋在地下是鬼看得到喔？我們自己知道別講就好！」母親說得心虛，但嘴上硬是不放軟。

大女兒一歲多時，父親就走了。

母親哭了一夜，早早還是替大家煮了一桌稀飯、醬菜。

「就照你的意思，書店老闆跟我講，他老爸也是住在塔裡，他陪我去看過，算清幽舒適。我選好位了，偎窗邊，看出去就可以看到你老爸的田，下雨天也看得很清楚。」母親在大家面前，對著她平靜地說，然後就轉身返回房裡。

她低頭喝了一口粥，一股熱氣嚥進胸口，換她落下淚來。

父親過世後，荒廢的田又熱鬧了起來，但母親在她喜愛的果菜花草間，身影仍顯得孤寂。

「這樣卡麥無聊。」母親要說的，或許是比較不會孤單。

過了父親的對年後，她問母親要不要搬來一起住？「這樣卡麥無聊，田可以租給別人。」

母親沉默了半晌，看著她的肚子說：「有身了喔？」

她驚訝又心虛地反問：「你怎麼知道？」

「講你也不會信，我田裡的木瓜樹結果了。」

她搖搖頭不信。「你是看我變胖吧？」

「不信也要信，我有你的時候，也是夢到不生的木瓜欉結果啊！」母親此刻眼裡彷若有神，看穿生死的神。

「那……你搬來好嗎？」她還是纏著母親問。

其實發現懷孕後，她一直很焦慮，大女兒週歲前幾乎都是母親照顧的，這次她仍是完全的新手，如果沒有母親幫忙，她不知道能不能撐下去。

這時她才領悟，自己還沒有成為「像母親那樣」的母親，她還不夠堅強、不夠獨立，看這世界不夠透澈，也不夠無所畏懼。她仍是依賴著母親的女兒，緊抓住母親的手，深怕在生與死交會的迂迴路上迷了路。

「做老母啊，就卡巴結欸！恁老爸走啊，也算放我自由啊！你來這可以，但我不可能搬離開厝，田留在這，我就留在這。」

母親嘴上說的自由一點都不自由，同樣成為母親後，她徹底明白了這種感受。只是母親看破了，她卻仍在掙扎。

即使她還是脆弱的，也得學會堅強。人哪有真正長大的時候？她無法也不願意為了長大，而放棄所有的依賴。她是孩子的母親，也是母親的孩子啊！

但母親終究是不會一直存在的。

小女兒快出生前，母親在田裡倒下了。她挺著大肚子，望著田裡那些來不及採收的瓜果，就差一點點，一點點，命運從此將生死斷開。她不禁在心中自責地想：母親是不是真的累了，連小孫女也無力見了？

生與死，人永遠是不自由、沒得選擇的，而母親也終於自由了吧。

失去母親後，其實她也累了。靈堂、納骨塔、田與老厝、產房、月子中心、婆家、公司……她不停地奔波，總害怕腳步慢了或遲了，又會失去什麼。

她說不清那種疲憊感，生活明明慢慢地安頓下來，孩子長大了，她的哀傷漸淡，但她卻像失去土壤般留不住雨水，日漸枯乾。一顆心宛如懸空，開不出花也結不出果，無法支撐生命的重量。

隔年祭拜完，妹妹與她到田裡散步時突然說：「姊，你知道嗎？其實我們現在也算是孤兒了。」她看著雜草叢生的田，才恍然大悟那種無所依靠、給不出力量的感覺是什麼。

塔遙遠地矗立，注視著所有事物，卻又彷彿無視一切。田裡的木瓜樹還在，但再也沒結果了。

「誰最後不是變成孤兒呢？」她記得自己當初是這樣平靜地回答妹妹，但好幾年了，她的心還是沒平靜下來。那麼，母親又是如何面對這個問題呢？怎樣才能卡巴結欸？才能如泥土底下的岩盤那般堅強？

先生爬上了矮梯，用借來的鑰匙旋開小門。黃玉與淡玫瑰色的骨灰罈上是父親與母親幾無表情的照片。

照片比記憶中的父母年輕許多，與光滑的玉石一同停留在歲月的某一刻——但那一刻已死去，被命運挖掘、敲鑿與琢磨，然後光滑而面無表情地死去。

「來，我們請阿公、阿嬤保佑我們。」她低頭對兩個女兒說。

「那是誰的阿嬤？」小女兒一邊合十，一邊問。

「那是媽媽的阿嬤。」大女兒搶著答。

「先安靜，這麼吵，阿公和阿嬤聽不清楚。來，對阿公、阿嬤說，我們已經五歲和三歲囉，請阿公跟阿嬤在天上要繼續保佑我們乖乖吃飯，乖乖睡覺，乖乖長大。」

祭拜完後，小女兒急著問：「阿嬤睡在這裡，那要怎麼陪你睡覺？」

她摸摸小女兒的頭，說：「媽媽已經長大囉，所以不用阿嬤陪，都自己睡覺了。」

「我也是。」大女兒好強地插話進來。

「你以後也要睡在這裡嗎？」小女兒專注的眼睛裡似乎飄來了烏雲。

「我不知道，這裡客滿了，媽媽應該會睡在別的地方喔。」她感受到小女兒的不安，彎下身輕輕地說。

「我不要長大，我要媽媽一直陪我睡！」小女兒突然哽咽，傷心地哭了起來。

她抱起小女兒，安慰著說：「媽媽會陪你啊！可是如果大家都不長大，那大家就一直都是小貝比，就沒有爸爸媽媽了啊！」

「我不要，我有媽媽就好！」小女兒哭得更傷心，像一場雷雨落在她心頭上。

「那我也不要長大！」長大的大女兒也跟著放棄長大，噙著眼淚黏上她的腰際。哭泣像遊戲，也像一場比賽，而身為母親的她是被孩子的眼淚追捕的獵物，她不能逃，只能擁抱著她們，然後被分食殆盡。

她無助地看著先生，那一瞬間，她也想哭喊：我也不要長大！

只是，如今她已成了孤兒，再怎麼哭鬧耍賴，也沒人會理會了。

「還有爸爸啊，分一些給爸爸好嗎？」先生張開雙臂，試著伸出援手。

「不要，不要！」小姊妹哭得毫不講理，頭在媽媽的懷裡埋得更深。

塔外的雨突然綿密了起來。

終究，潮濕侵入了一切，她的身體像落入水裡被拖著下沉，淚水淹了上來，眼裡變得模糊多雨。**這是身為母親的眼淚，還是身為女兒的眼淚呢？**

她別過臉，偷偷地快速拭去淚水，然後撐起一個堅強的微笑，繼續面對多雨的日子。不知哪來的力氣，她抱起一雙女兒，將她們拉離水面。

因孩子而脆弱，也因孩子而堅強，或許，母親也總是在暗處偷偷拭去淚水吧？

小姊妹不哭了，但世界濕透了。她走近窗口，望向遠處的田，有一丁點的翠綠穿過層層雨絲，模糊地透了過來，但是不管再遠，她彷彿都能看見。

「你們看，遠遠的那邊有個地方綠綠的，就是阿公的田喔！」

「哪裡哪裡？我看不見？」小女兒伸長了脖子。

「在那裡啊！只有那邊是綠色的喔！」

「我看到了，好小好小喔！」大女兒皺起鼻子說。

「可是媽媽小時候覺得很大喔！」

「比我們家還大嗎？」小女兒問。

「還大喔！大到我都找不到阿公藏在哪裡呢。」

「那是媽媽眼睛不好吧！」大女兒不以為然地說。

她笑而不答，緊緊擁著孩子。小姊妹似乎沒那麼重了，她們看著窗外，小眼睛好奇地在陌生的土地上游動。天空的雨變得溫柔，細細地灌溉土地，儘管只剩一丁點綠，它也輕輕擦拭著。

母親離世後，她和妹妹將田租給書店老闆的兒子，他父親是鎮上少數不種田的人，而現在他卻成了鎮上罕有的耕作者。

看起來，今年的收成會不錯呢。

回程路上，雨水像難以告別似地持續下著……下在她身後，也在前頭。她離家了，亦是返家。

廣播中傳來主持人雨絲般的輕柔聲音，「今天是清明節，許多人可能正在往掃墓的路上，或是已經掃完墓了呢？人家說清明時節雨紛紛，今天果然又是個雨天啊！幸好今天雨不大，增加了思念的氣氛，又不會把大家掃墓的行程打亂。話說，大家知道清明除了是節日外，也是個節氣嗎？現代務農的人少了，對節氣也不熟悉了，像我自己知道的大概就只有清明、立夏、夏至和冬至而已。考考大家，在清明跟立夏之間，還有個很特別的節氣，大家知道是什麼嗎？」

「穀雨。」她看著一朵朵開在玻璃上的細碎雨花，不假思索地回答。

開車的先生驚訝地轉頭看了她一眼。

「穀雨，稻穀的穀，下雨的雨，這是夾在清明與立夏之間，春天的最後一個節氣喔。以前的諺語說：『穀雨始，萬物生。』穀雨時若有充沛的雨水，田裡的秧苗就能順利地長大，辛苦插秧的農夫也就安心許多了。」

小時候如果出門遇到下雨，她多抱怨幾句，就會被母親叨唸：「咱種田的靠天吃飯，雨水是天公伯疼惜，賞的，要感恩，不是嫌麻煩。田無雨水吃，你也無飯吃！」

如今，穀雨這天若沒下雨，她反而會焦慮起來。

「我昨天上網 google 還發現，原來穀雨是台灣的母親節啊！台灣有句俗諺：『穀雨補老母，立夏補老爸。』屏東內埔則有個習俗，在穀雨這天，女兒會帶豬腳麵線回家探望母親，是不是很特別呢？」

「你家有這個習俗？」先生疑惑地問。

「有啊，不過我媽都說我帶回去的豬腳麵線沒她煮的好吃，叫我不用特別回去了。」她微笑著說。

「媽媽就是這樣。」

「是啊！**媽媽就是這樣。**」

車子在高速公路上奔馳，她轉頭看後座的孩子，看她們滿足地沉沉睡著。

「把廣播關掉吧。」她輕聲對先生說。

「嗯。」

雨安靜地下著，孩子安靜地長大，有時她也會望向天空，想像雨水是從天上的父母那兒落下的信息，無論多麼遙遠，都會抵達——阿公和阿嬤在天公伯那裡，一起疼惜我們喔！

雨生百穀，絲絲縷縷皆是愛與希望。

是要先成為孤兒，才能成為堅強的母親？

還是當了母親之後，必能成為堅強的孤兒呢？

或許，從來沒有什麼是真正堅強的，岩石會風化成泥土，山會流淚成河。生命其實是在柔軟裡頭誕生的，儘管脆弱，卻足以抵禦死亡。

附錄

那些繼續下去的故事

伴你擁抱脆弱的幾部影片，幾本書。

影片

一個人看

- 《鳥人》（Birdman: Or The Unexpected Virtue of Ignorance）：美國，二〇一四年。
- 《0.5mm》（0.5ミリ）：日本，二〇一四年。
- 《崩壞人生》（Demolition）：美國，二〇一五年。
- 《七月與安生》：中國，二〇一六年。
- 《一念無明》：香港，二〇一七年。

兩人作伴

- 《東京奏鳴曲》（トウキョウソナタ）：日本，二〇〇八年。
- 《型男飛行日誌》（Up in the Air）：美國，二〇〇九年。
- 《愛慕》（Amour）：法、德、奧（法語），二〇一二年。
- 《因為愛情：在她消失以後》（The Disappearance Of Eleanor Rigby: Him）、《因為愛情：在離開他以後》（The Disappearance of Eleanor Rigby: Her）：法國，二〇一三年。
- 《地心引力》（Gravity）：美國，二〇一三年。
- 《海邊的曼徹斯特》（Manchester by the Sea）：美國，二〇一六年。
- 《24週》（24 Wochen）：德國，二〇一六年。

和家人一起

- 《人間有情天》（La stanza del figlio，原片名的意思是「兒子的房間」）：義大利，二〇〇一年。
- 《用力呼吸》：台灣，公共電視「人間劇展」，二〇〇三年。

- 《小太陽的願望》（Little Miss Sunshine）：美國，二〇〇六年。
- 《父親的椅子》（A Busca）：巴西，二〇一二年。
- 《腦筋急轉彎》（Inside Out）：美國，二〇一五年。
- 《迴光奏鳴曲》：香港，二〇一五年。
- 《親愛的外人》（幼な子われらに生まれ）：日本，二〇一七年。
- 《羅根》（Logan）：美國，二〇一七年。
- 《超人特攻隊2》（Incredibles 2）：美國，二〇一八年。

書

華文

・《父親這回事——我們的迷惘與驚奇》：黃哲斌著，圓神，二〇一四年。
・《複眼人》：吳明益著，新經典文化，二〇一六年。
・《春花忘錄》：夏樹著，麥田，二〇一六年。
・《男人玻璃心——親愛的，我想明白你》：郭彥麟著，寶瓶文化，二〇一六年。
・《以我為器》：李欣倫著，木馬文化，二〇一七年。
・《還是喜歡當媽媽——心理師媽媽的內心戲》：洪美鈴著，寶瓶文化，二〇一七年。

譯著

- 《奇想之年》（*The Year of Magical Thinking*）：瓊・蒂蒂安（Joan Didion）著，李靜宜譯，遠流，二〇〇七年。
- 《我已經夠好了——克服自卑！從「擔心別人怎麼想」，到「勇敢做自己」》（*I Thought It Was Just Me (but it isn't): Making the Journey from "What Will People Think?" to "I Am Enough"*）：布芮尼・布朗（Bren Brown）著，洪慧芳譯，馬可孛羅，二〇一四年。
- 《背離親緣》（兩冊，*Far From the Tree: Parents, Children and the Search for Identity*）：安德魯・所羅門（Andrew Solomon）著，謝忍翾、簡萓靚譯，大家出版，二〇一五年。
- 《我想離開你》（*US*）：大衛・尼克斯（David Nicholls）著，鄭淑芬譯，時報出版，二〇一六年。
- 《孩子與惡——看見孩子使壞背後的訊息》（子どもと悪）：河合隼雄著，林暉鈞譯，心靈工坊，二〇一六年。
- 《生活是頭安靜的獸》（*Olive Kitteridge*）：伊麗莎白・斯特勞特（Elizabeth Strout）著，張芸譯，寶瓶文化，二〇一六年。
- 《如何愛孩子——波蘭兒童人權之父的教育札記》（*Jak kochać dziecko*）：雅努什・柯札克（Janusz Korczak）著，林蔚昀譯，心靈工坊，二〇一六年。

- 《不要靜靜走入長夜——大藝術家如何面對死亡，在死亡之中度過日常》（*The Violet Hour*）：凱蒂・洛芙（Katie Roiphe）著，吳芠譯，木馬文化，二〇一七年。
- 《我跟你一樣絕望，我是你的心理醫師》（*The Other Side of Silence: A Psychiatrist's Memoir of Depression*）：琳達・嘉絲克（Linda Gask）著，洪慧芳譯，究竟，二〇一七年。

繪本

- 《好好哭吧！》（*Græd blot hjerte...*）：葛倫・林特威德（Glenn Ringtved）文，夏綠蒂・帕迪（Charlotte Pard）圖，賴美玲譯，大穎文化，二〇〇九年。
- 《孩子是什麼？》（*What's a child?*）：碧翠絲・阿雷瑪娜（Beatrice Alemagna）文／圖，黃又青譯，阿布拉，二〇一一年。
- 《小傷疤》（*La croute*）：夏洛特・孟莉克（Charlotte Moundlic）文，奧利維耶・塔列克（Olivier Tallec）圖，李旻諭譯，聯經出版公司，二〇一三年。
- 《愛，無所不在》（*Overal en ergens*）：皮姆・凡赫斯特（Pimm van Hest）文，莎莎弗拉斯・德・布魯茵（Sassafras de Bruyn）圖，呂奕欣譯，字畝文化，二〇一六年。

・《有時母親，有時自己》（*Ma Mère*）：史帝芬・塞凡（Stéphane Servant）文，艾曼紐・伍達赫（Emmanuelle Houdart）圖，周伶芝譯，字畝文化，二〇一七年。
・《熊先生的椅子》（곰씨의 의자）：盧仁慶文／圖，許延瑜譯，青林，二〇一八年。
・《我爸爸的工作是大壞蛋》（パパのしごとはわるものです）：板橋雅弘文，吉田尚令圖，林宜柔譯，小光點，二〇一八年。

好好地哭吧，
你已經足夠堅強了。

國家圖書館預行編目資料

擁抱脆弱：心的缺口，就是愛的入口／郭彥麟
著. --初版. --臺北市：寶瓶文化, 2018.12,
面； 公分. --(Vision；170)
ISBN 978-986-406-143-3 (平裝)
1.成人心理學 2.心理治療

173.3 107021437

Vision 170

擁抱脆弱——心的缺口，就是愛的入口

作者／郭彥麟
企劃編輯／丁慧瑋

發行人／張寶琴
社長兼總編輯／朱亞君
副總編輯／張純玲
編輯／林婕伃・周美珊
美術主編／林慧雯
校對／丁慧瑋・陳佩伶・劉素芬・郭彥麟
業務經理／黃秀美　企劃專員／林歆婕
財務主任／歐素琪　業務專員／林裕翔
出版者／寶瓶文化事業股份有限公司
地址／台北市110信義區基隆路一段180號8樓
電話／(02)27494988　傳真／(02)27495072
郵政劃撥／19446403　寶瓶文化事業股份有限公司
印刷廠／世和印製企業有限公司
總經銷／大和書報圖書股份有限公司　電話／(02)89902588
地址／新北市五股工業區五工五路2號　傳真／(02)22997900
E-mail／aquarius@udngroup.com

著作完成日期／二〇一八年十月
初版一刷日期／二〇一八年十二月
初版二刷日期／二〇一八年十二月二十六日
ISBN／978-986-406-143-3
定價／三三〇元

AQUARIUS 寶瓶文化事業

愛書人卡

感謝您熱心的為我們填寫，
對您的意見，我們會認真的加以參考，
希望寶瓶文化推出的每一本書，都能得到您的肯定與永遠的支持。

系列：Vision 170　**書名：擁抱脆弱——心的缺口，就是愛的入口**

1.姓名：＿＿＿＿＿＿＿＿　性別：□男　□女

2.生日：＿＿＿年＿＿＿月＿＿＿日

3.教育程度：□大學以上　□大學　□專科　□高中、高職　□高中職以下

4.職業：＿＿＿＿＿＿＿＿

5.聯絡地址：＿＿＿＿＿＿＿＿＿＿＿＿＿＿＿＿

聯絡電話：＿＿＿＿＿＿＿＿　手機：＿＿＿＿＿＿＿＿

6.E-mail信箱：＿＿＿＿＿＿＿＿＿＿＿＿

□同意　□不同意　免費獲得寶瓶文化叢書訊息

7.購買日期：＿＿年＿＿月＿＿日

8.您得知本書的管道：□報紙／雜誌　□電視／電台　□親友介紹　□逛書店　□網路　□傳單／海報　□廣告　□其他

9.您在哪裡買到本書：□書店，店名＿＿＿＿＿＿　□劃撥　□現場活動　□贈書

□網路購書，網站名稱：＿＿＿＿＿＿＿＿　□其他＿＿＿＿＿＿

10.對本書的建議：（請填代號　1.滿意　2.尚可　3.再改進，請提供意見）

內容：＿＿＿＿＿＿＿＿＿＿＿＿

封面：＿＿＿＿＿＿＿＿＿＿＿＿

編排：＿＿＿＿＿＿＿＿＿＿＿＿

其他：＿＿＿＿＿＿＿＿＿＿＿＿

綜合意見：＿＿＿＿＿＿＿＿＿＿＿＿＿＿＿＿＿＿＿＿

11.希望我們未來出版哪一類的書籍：＿＿＿＿＿＿＿＿＿＿＿＿＿＿

讓文字與書寫的聲音大鳴大放

寶瓶文化事業股份有限公司

（請沿此虛線剪下）

廣 告 回 函
北區郵政管理局登記
證北台字15345號
免貼郵票

寶瓶文化事業股份有限公司 收

110台北市信義區基隆路一段180號8樓

8F,180 KEELUNG RD.,SEC.1,

TAIPEI.(110)TAIWAN R.O.C.

（請沿虛線對折後寄回，或傳真至02-27495072。謝謝）